신문이 보이고 18
뉴스가 들리는
재미있는

세계 지리
이야기

신문이 보이고 뉴스가 들리는 ⑱
재미있는 세계 지리 이야기

개정판 1쇄 발행 | 2013년 9월 13일
개정판 11쇄 발행 | 2025년 6월 25일

지 은 이 | 김영
그 린 이 | 정경화
감   수 | 서태열

펴 낸 곳 | (주)가나문화콘텐츠
펴 낸 이 | 김남전
편 집 장 | 유다형
편   집 | 이경은 김경선
외 주 편 집 | 아우라
디 자 인 | 양란희
외주 디자인 | 디자인아이
마 케 팅 | 정상원 한웅 정용민 김건우
관   리 | 김경미

출 판 등 록 | 2002년 2월 15일 제10-2308호
주   소 | 경기도 고양시 덕양구 호원길 3-2
전   화 | 02-717-5494(편집부) 02-332-7755(관리부)
팩   스 | 02-324-9944
홈 페 이 지 | ganapub.com
이 메 일 | ganapub@naver.com

ISBN 978-89-5736-578-6 (74980)

• 제조자명 : (주)가나문화콘텐츠
• 주소 및 전화번호 : 경기도 고양시 덕양구 호원길 3-2 / 02-717-5494
• 제조연월 : 2025년 6월 25일
• 제조국명 : 대한민국
• 사용연령 : 4세 이상 어린이 제품

신문이 보이고 **18**
뉴스가 들리는
재미있는

세계 지리
이야기

글 김영 | 그림 정경화

감수 서태열(고려대학교 지리교육과 교수)

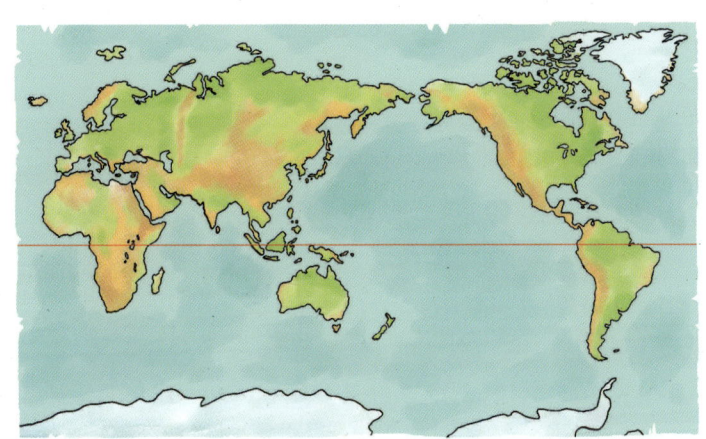

가나출판사

세계 여러 나라에 대한 친절한 길잡이,
세계 지리!

여러분은 어느 나라에 가 보았나요? 어느 나라에 가 보고 싶나요?

저는 전 세계를 두루두루 돌아보고 있습니다.

아시아에서는 일본과 중국을 가 보았습니다. 일본에서는 도쿄의 빌딩 숲을 보며 전 세계 경제에서 2, 3위를 다투는 일본의 저력에 감탄했습니다. 중국에서는 먼지 많은 베이징 시내를 코를 막고 다니면서, 중국이 빠르게 경제가 성장하는 만큼 환경오염도 심각해지고 있음을 직접 느껴보았습니다.

세계 최강의 나라라는 미국에도 가 보았습니다. 높은 빌딩이 숲을 이룬 뉴욕의 맨해튼 거리를 걸으면서 만약 인디언이 이 땅을 싸게 팔지 않았다면, 오늘날 미국의 역사는 어떻게 바뀌었을지 상상해 보기도 했지요. 로스앤젤레스의 한인 타운을 걸을 때는 간판이 한글로 되어 있고 우리나라 교포들도 많아 이곳이 서울인지 미국인지 잠시 헷갈리기도 했습니다.

저는 유럽에 갈 때 마음이 몹시 설레었습니다. 학생 때 세계사 시간에 많이 들었던 건축물을 직접 볼 수 있었기 때문이었지요. 유럽에 있는 여러 나라의 건축물과 박물관을 보며 제가 공부했던 서양 문명이 유럽에서 탄생했다는 것을 현장에서 느낄 수 있었습니다.

　오스트레일리아에서는 사색의 시간을 가졌습니다. 들판을 껑충껑충 뛰는 캥거루에게 먹이를 주고, 애버리지니의 부메랑을 던져보며 오세아니아만의 독특한 원주민 문화를 경험할 수 있었지요. 시드니 항에서는 바다를 보며 깊은 생각에 빠졌습니다. 오페라 하우스와 바다가 참 잘 어울리더군요. "만약 오페라 하우스가 없었다면 세계에서 가장 아름다운 3대 항구 순위에 시드니 항이 꼽혔을까?" 하는 생각도 문득 들었습니다.

　저는 여러분에게 세계 여러 나라에 대한 지식을 알려 주고 싶어 이 책을 썼습니다. 여행할 때마다 그 나라에 대한 지리를 알고 가니 제 눈에 보이는 것이 더 많고 좀 더 잘 이해하게 되었거든요. 아마 미래의 여러분은 우리나라에만 머물지 않고 더 자주 세계 여러 나라를 여행하고, 또 맘에 드는 나라에서 직장을 잡고 살게 될 것입니다. 앞으로의 유목민인 여러분에게 이 책이 세계 지리에 대한 친절한 길잡이가 되기를 바랍니다.

김영

| 차 례 |

1

지구와 세계 이야기

유럽

아시아

아프리카

먼 옛날 지구의 대륙은 하나로 붙어 있었어요.

오늘날에는 아시아, 유럽, 아프리카, 북아메리카, 남아메리카, 오세아니아, 남극,

이렇게 7개의 대륙으로 떨어져 있고, 바다가 대륙을 감싸고 있지요.

지금부터 육지와 바다는 어떤 모습이고, 또 전 세계 사람들은

다양한 자연환경에 어떻게 적응하며 살아가는지 알아보아요.

오세아

인도양

남극

태평양

북아메리카

대서양

남아메리카

먼 옛날 지구의 대륙은 하나였대요

아주 먼 옛날 지구의 대륙은 하나로 붙어 있었어요. 그러다 땅덩어리가 조금씩 움직여 오늘날의 대륙으로 나뉘었어요. 사람들은 대륙이 이동한 다는 것을 도무지 믿을 수 없었어요. 그런데 1960년대에 들어 이러한 주장을 증명하는 증거들이 나오기 시작했지요.

대륙이 이동했어요

하나였던 시절의 대륙을 '판게아'라고 해요. 판게아는 그리스 어로 '모든 땅'이라는 뜻이에요. 이렇게 원래 하나였던 대륙이 오랜 시간이 지나면서 떨어져 나와 지금처럼 여러 개의 대륙이 되었어요. 이러한 주장을 담은 것이 바로 대륙 이동설이에요.

지구의 대륙이 원래 하나였음을 증명하는 사실들은 많아요. 세계 지도를 보세요. 남아메리카 대륙의 동쪽 해안선과 아프리카 대륙의 서쪽 해안선이 마치 퍼즐처럼 들어맞는 것을 알 수 있지요? 베게너가 처음 대륙 이동설을 주장하게 된 것도 지도를 주의 깊게 본 뒤였다고 해요.

또 다른 증거도 있어요. 남아메리카와 아프리카에서 발굴된 식물 화석을 비교하면 똑같은 것이 많아요. 북아메리카와 유럽에서 발견되는 암석의 종류가 비슷한 것도 대륙 이동설을 뒷받침하는 증거이지요. 원래 하나였던 대륙은 지구의 구조 때문에 여러 개로 나뉘었답니다.

🔶 **남극 대륙**
얼음 바다인
북극과 다르게
남극은 대륙이에요.

여러 대륙이 생기다

지구에는 지구의 맨 바깥층을 이루는 지각이 있고, 그 아래쪽에 맨틀과 핵이 있어요. 지각은 크고 딱딱한 몇 개의 판들로 이루어져 있어요. 맨틀의 위쪽은 고체이지만 아래쪽은 지구 내부의 열 때문에 물렁물렁해진 액체로 아주 느린 속도로 움직여요. 그러다 보니 맨틀을 덮고 있는 지각의 판들도 서서히 움직였고, 판들이 서로 부딪혀 위로 솟아오르면서 산맥이 되거나 지진이 일어나고 화산이 폭발했어요. 오랜 세월 동안 그런 일들이 자주 되풀이되다 보니 대륙들이 견디지 못하고 떨어져 나가거나 서로 붙기도 했지요. 오늘날 지진이나 화산 폭발이 많이 일어나는 지역은 지각의 판들이 서로 부딪히는 곳에 자리하고 있어요.

지금도 아프리카 대륙은 일 년에 몇 센티미터씩 아메리카 대륙에서 멀어지고 있어요. 그러니까 먼 훗날 지구의 모습은 지금과는 많이 달라질 거예요.

오늘날 지구에 있는 대륙은 아시아, 아프리카, 유럽, 남아메리카, 북아메리카, 오세아니아, 남극까지 모두 일곱 개예요. 흔히 북극을 대륙이라고 생각하는데, 북극은 바다가 언 것이라 대륙이 아니랍니다. 지구 전체 면적 중에서 대륙으로 나뉘어진 육지의 면적은 생각보다 적어서 30%가 채 안 돼요. 바다의 면적이 육지의 두 배를 훨씬 넘어요.

사람들이 가장 먼저 살았던 대륙은 아프리카예요. 아프리카에 살던 사람들이 점차 아시아, 유럽 등으로 퍼져 살기 시작했지요. 아메리카와 오세아니아, 그리고 남극 대륙을 발견한 것은 불과 몇백 년 전의 일이랍니다.

전설의 대륙, 아틀란티스

아틀란티스는 아주 오래전에 있었던 전설의 대륙이에요. 고대 그리스의 철학자 플라톤에 따르면 아틀란티스는 먹을 것이 넘치고, 웅장한 건물과 신전들이 가득했던 낙원이었다고 해요. 그런 아틀란티스가 어느날 갑자기 지진과 화산 폭발 때문에 바닷속으로 사라졌어요.

후세 사람들은 어딘가에 아틀란티스의 흔적이 남아 있을 것으로 생각했어요. 그래서 아틀란티스를 찾기만 하면 엄청난 부자가 될 것으로 생각하고 바다를 헤매는 사람들도 많았지요. 최근 그리스의 크레타 섬과 가까운 바닷속에서 고대 성곽의 흔적이 발견되기는 했지만, 그것이 아틀란티스인지는 아직 확실하지 않답니다.

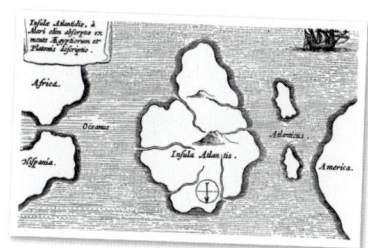

상상 속의 아틀란티스 대륙

지형은 끊임없이 변해요

둥그런 지구를 한 바퀴 돌다보면 땅의 모양이 다채로운 것을 볼 수 있어요. 뾰족한 산과 깊게 패인 계곡, 그 아래서 시작된 강과 잔잔한 호수, 끝없이 펼쳐지는 사막과 평야, 거대한 얼음덩어리가 흐르는 빙하와 시뻘건 불덩어리가 솟아오르는 화산, 파도가 넘실거리는 바다 등 전혀 다른 지형이 우리를 맞이하고 있지요. 이러한 지형은 어느 순간에 만들어진 것이 아니에요. 그리고 영원히 변하지 않고 그대로 있지도 않아요. 여러분이 이 책을 읽는 동안에도 지형은 끊임없이 바뀌고 있답니다.

물에 의해 변해요

물은 땅의 모양을 다양하게 바꾸어요. 산에 빗물이 모이면 땅을 깊게 파면서 흘러요. 이렇게 해서 생긴 것이 계곡과 협곡이에요. 계곡물은 돌과 흙을 실어 날라요. 계곡물이 평평한 곳을 지날 때에는 강이 되어 구불구불 흐르면서 돌과 흙을 조금씩 쏟아 내 평야를 만들어요. 강의 흐름이 바뀌면 전에 흘렀던 강은 호수가 되기도 해요.

강물은 계속 높은 곳에서 낮은 곳으로 흐르다 바다와 만나요. 강과 바다가 만나는 곳이 아주 평평하면 강물에 의해 떠내려 온 흙 따위가 한꺼번에 쏟아져 쌓여요. 이때 어떤 곳은 삼각형 모양으로 흙이 쌓여요. 이러한 지형을 삼각주라고 하는데, 강의 하구에서 볼 수 있어요.

이집트의 수도인 카이로는 나일 강이 싣고 온 흙이 오랜 세월 동안 쌓여서 생긴 삼각주에 자리 잡고 있지.

삼각주 나일 강 하류에 생긴 삼각주예요.

육지와 바다가 만나는 해안가의 지형도 끊임없이 변해요. 아주 센 파도가 계속 육지를 때리면 바위와 땅은 부서져 내려 바다에 떨어지고, 그 자리는 수직으로 떨어지는 절벽이 생겨요. 파도는 육지를 둘로 나뉘게 해 섬을 만들기도 해요.

빙하에 의해 변해요

거대한 얼음덩어리도 지형을 바꾸어요. 높은 산에 눈이 계속 쌓이고, 쌓인 눈이 다져지면 아주 두꺼운 얼음덩어리가 돼요. 이 얼음덩어리는 중력에 의해 아래로 흘러요. 이처럼 거대한 얼음덩어리가 물처럼 흐르는 것을 '빙하'라고 해

피오르 내륙의 깊은 산속에 있는 계곡까지 바닷물이 들어와 생긴 만이에요.

요. 빙하는 흐르면서 산 정상의 커다란 바위를 긁고 떼어 내 뾰족한 봉우리를 만들어요. 그러고는 계곡을 둥그렇게 깎고 파면서 아래로 흘러가요. 이렇게 빙하에 의해 둥그렇게 깎인 계곡을 '유(U)자곡'이라고 해요. 유자곡에 바닷물이 차면 피오르가 생겨요.

바람에 의해 변해요

버섯바위

커다란 바위가 모래바람에 깎여서 생겼어요. 꼭 버섯 모양 같아요.

모래가 넓게 펼쳐진 사막에는 끊임없이 바람이 불어요. 바람이 불 때 모래도 함께 이동해요. 그러다 바람이 약해지면 한곳에 모래를 쌓아 커다란 모래 언덕인 사구를 만들어요. 모래바람은 커다란 바위의 모양도 바꾸어 놓아요. 모래바람이 바위의 한곳을 오랜 세월 동안 긁고 지나가면 버섯 모양의 버섯바위가 생기기도 해요.

지진과 화산에 의해 변해요

지진과 화산은 우리가 발을 딛고 있는 땅덩어리인 판의 경계면에서 발생해요. 서로 다른 두 판이 이동하다가 강하게 부딪히면 땅이 솟아오르면서 산과 산맥이 생겨요. 이러한 과정 중에 지진이 일어나고 화산이 폭발하지요.

지진은 땅을 갈라놓거나 푹 꺼지게 해요. 화산도 땅의 모습을 완전히

바꾸어요. 화산이 폭발할 때 용암과 가스가
분출하면서 용암을 막고 있던 땅의 표면을
순식간에 공중으로 날려 버려요. 나중에 이
곳에 빗물이 고이면 호수가 돼요. 한라산의
백록담과 백두산의 천지는 화산의 분화구
에 생긴 호수예요.

분화구에 생긴 호수 백두산 천지는 화산이 폭발한 뒤
생긴 분화구에 물이 고여 생긴 호수예요.

　용암은 계곡을 흐르면서 겉은 차갑게 식
지만 땅속의 용암은 계속 흘러 밖으로 빠져
나가면 안이 텅 빈 동굴이 생겨요. 또 용암이 바다로 떨어지면 육각기둥
모양의 절리를 만들지요. 제주도의 만장굴과 주상절리는 이러한 화산 활
동에 의해 생겼지요.

강이 깎아 만든 그랜드 캐니언

캐니언은 우리말로 '협곡'이라고 해요. 수백만 년 넘게 강이 흐르면서 땅을 깎아 내면
가파르고 깊은 협곡이 생겨요. 미국의
그랜드 캐니언은 콜로라도 강이 수백
만 년도 넘게 흐르면서 땅을 깊게 파들
어 가 생긴 거예요. 그랜드 캐니언 중
에는 그 깊이가 1.6㎞가 넘게 깊은 것
도 있어요.

바다는 육지보다 두 배나 넓어요

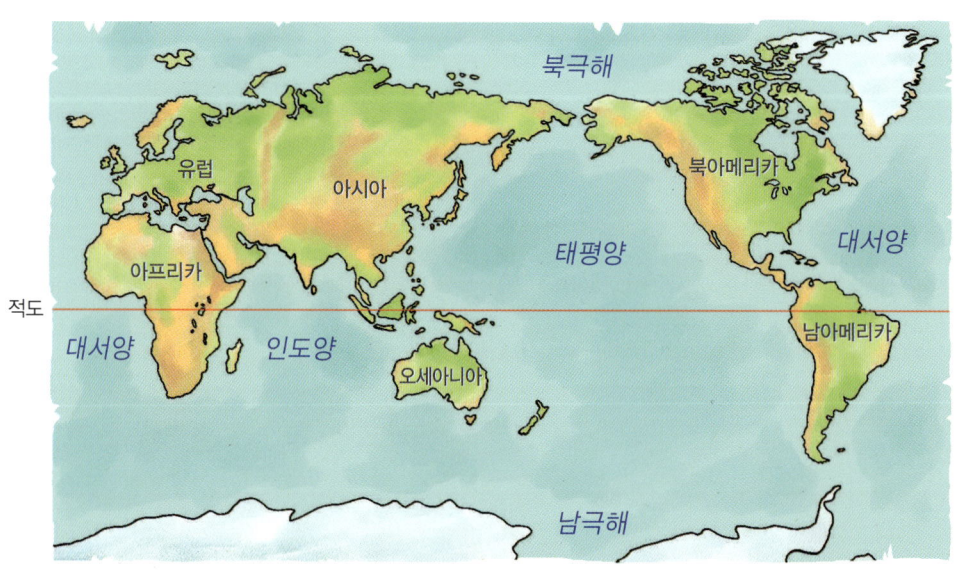

바다는 지구 표면의 약 71%를 차지해요. 우주에서 지구를 보면 육지는 잘 보이지 않고 푸른 바다만 눈에 들어온답니다.

지구에는 바다가 모두 몇 개 있을까요? 답은 한 개예요. 그렇다면 지구의 바다를 왜 오대양이라고 부르는지 궁금하지요? 그것은 지구의 바다를 지역에 따라 크게 다섯 개로 나누었기 때문이에요. 바로 태평양, 대서양, 인도양, 남극해, 북극해랍니다. 그 밖에도 지구에는 카리브 해, 베링 해, 오호츠크 해 등 작은 구역을 가리키는 바다가 많아요. 우리나라의 동해도 그런 작은 바다 가운데 하나예요.

태평양

태평양은 지구에서 가장 넓고 깊은 바다예요. 동쪽은 아메리카, 서쪽은 아시아와 오세아니아, 남쪽은 남극, 북쪽은 북극해에 닿아 있답니다. 평균 수심은 3,729m이고, 넓이는 1억 6624만㎢에 이르러요. 숫자가 골치 아프다면 그냥 전 세계 바다의 절반이 태평양이고, 지구의 육지를 다 합쳐도 태평양보다 작다고 생각하면 돼요.

태평양은 넓고 평화로운 바다라는 뜻이에요. 최초로 세계 일주를 한 포르투갈의 탐험가 마젤란이 이곳을 항해할 때 바다가 너무나 잔잔해서 평화롭다는 뜻의 '퍼시픽'(pacific)이라고 이름을 붙였어요.

대서양

대서양은 태평양에 이어 두 번째로 큰 바다예요. 넓이는 8660만㎢나 돼요. 유럽, 아프리카, 아메리카에 닿아 있지요. 대서양에는 특히 여러 해류가 활발하게 흐르는 까닭에 다양한 물고기가 많이 잡혀요. 대서양의 영어 이름인 '애틀랜틱'(atlantic)은 그리스 신화에서 따왔어요. '아틀라스의 바다'라는 뜻이지요.

대서양은 수백 년 동안 무역을 하던 중요한 뱃길이었기 때문에 유럽 사람들이 끊임없이 탐험했던 곳이에요. 포르투갈과 에스파냐의 탐험가들은 대서양을 계속 항해하다 보면 인도를 발견할 것이라 생각했어요. 그 결과 대서양을 끝까지 항해했던 탐험가들은 인도는 아니지만 신대륙인 아메리카를 발견하였지요. 이후 유럽과 신대륙 간의 교류는 폭발적으로 늘어났어요.

인도양

인도양은 세 번째로 큰 바다예요. 넓이는 약 7340만㎢예요. 말레이 반도와 인도네시아의 섬, 그리고 오세아니아의 북부와 남극까지 닿아 있어요. 인도양에 있는 섬은 5,000개가 넘어요. 옛날부터 아라비아, 중국, 인도의 상인들은 인도양을 오가며 무역을 했어요. 인도양은 오늘날에도 아시아, 오세아니아, 유럽, 아프리카를 잇는 주요 항로예요.

남극해와 북극해

남극해는 남극 대륙을 둘러싼 바다예요. 넓이가 2200만㎢로, 얼어 있는 남쪽 바다란 뜻에서 흔히 '남빙양'이라고도 해요. 남극해는 물의 온도가 아주 낮아 바닷속에 생물이 별로 없어요. 하지만 물의 온도가 조금 높아지는 여름에는 플랑크톤이 많아져, 이것을 먹는 고래가 몰려들어요. 하지만 남극해는 빙산이 많아 항해하기가 무척 어렵답니다.

북극해는 북극을 중심으로 유럽, 아시아, 북아메리카 대륙에 둘러싸인 바다예요. 얼어 있는 북쪽 바다란 뜻에서 '북빙양'이라고도 해요. 북극해는 넓이가 약 1400만㎢로 태평양의 10분의 1도 채 되지 않아요.

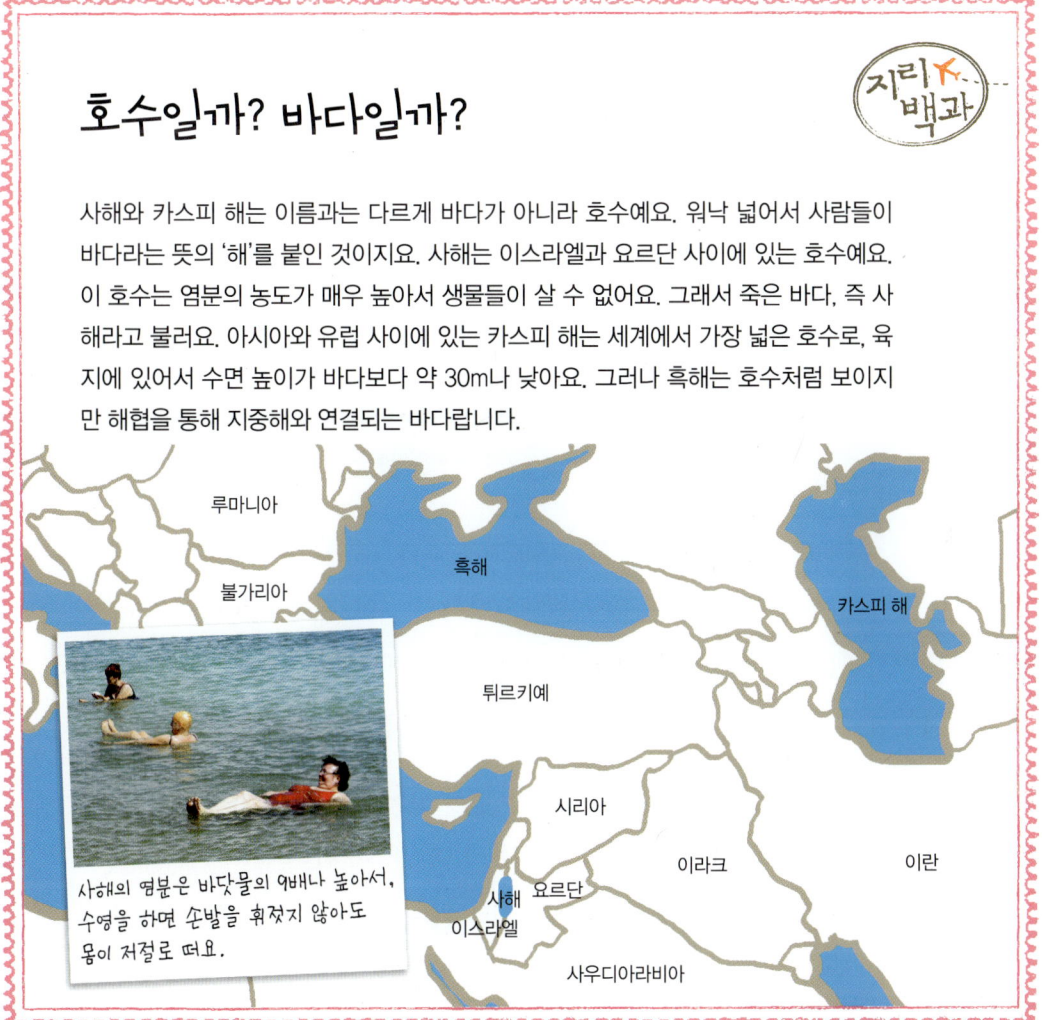

호수일까? 바다일까?

지리 백과

사해와 카스피 해는 이름과는 다르게 바다가 아니라 호수예요. 워낙 넓어서 사람들이 바다라는 뜻의 '해'를 붙인 것이지요. 사해는 이스라엘과 요르단 사이에 있는 호수예요. 이 호수는 염분의 농도가 매우 높아서 생물들이 살 수 없어요. 그래서 죽은 바다, 즉 사해라고 불러요. 아시아와 유럽 사이에 있는 카스피 해는 세계에서 가장 넓은 호수로, 육지에 있어서 수면 높이가 바다보다 약 30m나 낮아요. 그러나 흑해는 호수처럼 보이지만 해협을 통해 지중해와 연결되는 바다랍니다.

루마니아
불가리아
흑해
카스피 해
튀르키예
시리아
요르단
이라크
이란
사해
이스라엘
사우디아라비아

사해의 염분은 바닷물의 9배나 높아서, 수영을 하면 손발을 휘젓지 않아도 몸이 저절로 떠요.

세계의 다양한 기후를 알아보아요

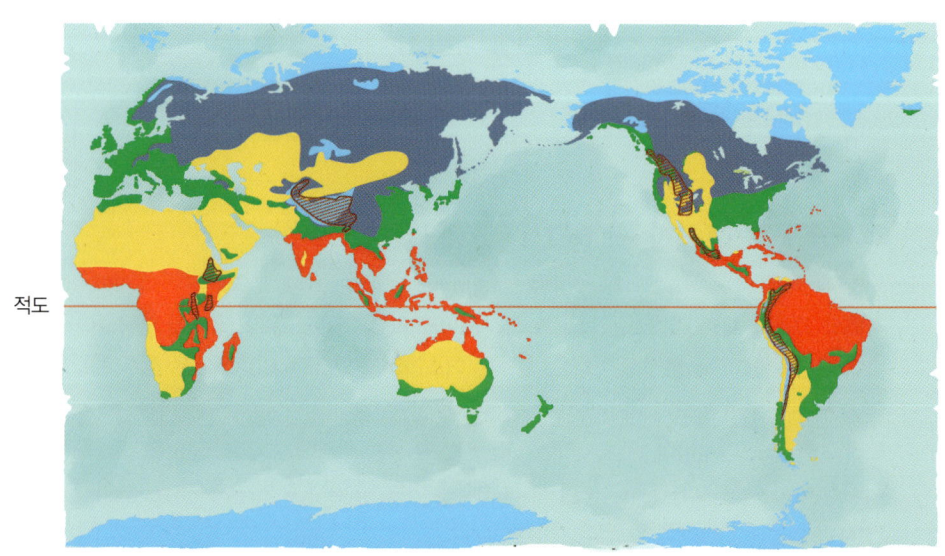

적도

■ 한대 기후 ■ 냉대 기후 ■ 온대 기후 ■ 열대 기후 ■ 건조 기후 ▨ 고산 기후

　기후는 특정한 지역에서 여러 해에 걸쳐 나타난 날씨를 평균적으로 말하는 것이에요. 기후는 사람들의 생활 방식을 결정하기 때문에 매우 중요해요. 또 기후는 동물과 식물에도 영향을 끼쳐요. 각 지역마다 살 수 있는 동물과 식물의 종류도 기후에 따라 달라지지요.

　세계의 기후는 기온, 강수량, 바람의 영향을 많이 받아요. 특히 기온은 위도의 영향을 많이 받으며, 그 밖에 육지와 바다의 분포, 해류, 지형 등도 기온에 영향을 많이 끼쳐요. 전 세계 기후는 크게 한대 기후, 냉대 기후, 온대 기후, 열대 기후, 건조 기후, 고산 기후로 구분이 되어요.

한대 기후

한대 기후는 극지방에 나타나며, 가장 따뜻한 달의 평균 기온이 10℃를 넘지 않아요. 특히 남극에서는 영하 89.4℃가 기록된 적이 있을 정도로 몹시 추워요.

남극은 늘 얼음으로 덮여서 식물이 거의 자라지 않지만, 여름철에 기온이 올라가면 이끼류와 식물이 자라기도 해요. 이런 지역을 '툰드

한대 기후 일 년 내내 추운 겨울이 계속 돼요. 땅은 눈과 얼음으로 덮여 있어요.

라'라고 해요. 하지만 툰드라 지역에서는 식물이 자랄 수 있는 시기가 채 3개월도 되지 않는답니다.

한대 기후 지역에 사는 사람들은 추운 곳에서도 잘 적응하는 순록을 키우고, 동물의 가죽으로 된 두꺼운 옷을 입어요. 예로부터 물개잡이를 하거나 순록과 개가 끄는 썰매로 이동하며 살아왔어요.

연교차

일 년 동안 측정한 기온과 습도 등의 최댓값과 최솟값의 차이예요.

냉대 기후

냉대 기후는 여름이 짧고 겨울이 길어요. 또 기온의 연교차가 크며, 가장 따뜻한 달의 평균 기온은 10℃가 넘어요.

냉대 기후 지역은 '타이가'라는 침엽수 숲이 넓게 펼쳐져 임업이 발달했어요. 이곳 사람들은 나무를 베는 일을 많이 하고, 집도 나무로 튼튼하게 지어서 살아요.

냉대 기후 캐나다와 러시아 북부 지역이 해당돼요. 가문비나무와 전나무 등의 침엽수 숲이 우거져 있어요.

온대 기후

온대 기후는 사계절이 뚜렷하고 날씨의 변화가 심해요. 중위도 지역이 온대 기후에 속해요. 이곳의 기온은 가장 추운 달의 평균 기온이 영하 3℃ 아래로는 안 떨어지고, 가장 따뜻한 달의 평균 기온도 18℃를 넘지 않아요. 하지만 같은 온대 기후라도 기온, 강수량, 위치 등에 따라 큰 차이를 보인답니다. 온대 기후에는 대륙성·해양성·지중해성 온대 기후와 아열대 기후가 있어요.

대륙성 온대 기후 지역은 겨울에 매우 추워요. 여름에는 아주 덥고요. 우리나라와 중국이 대표적인 곳이에요. 이곳 사람들은 추운 겨울이 오기 전에 겨우내 먹을 음식을 미리 저장해 놓아요.

해양성 온대 기후 지역은 사계절 내내 따뜻해요. 바다의 영향을 많이 받아 비가 자주 오고 안개가 많이 껴요. 대표적인 나라가 영국이에요. 영국 신사들이 트렌치코트를 입고 우산을 많이 들고 다니는 이유는 이 때문이랍니다.

해양성 온대 기후 영국은 대표적인 해양성 온대 기후예요. 바다의 영향으로 비바람이 많이 불어요.

지중해성 온대 기후 남부 유럽에 나타나는 기후로, 이곳에서는 메마른 기후에 잘 적응하는 포도나무를 많이 심어요.

지중해성 온대 기후 지역은 여름에는 덥고 건조하지만 겨울에는 비가 많이 오고 큰 추위가 없어요. 이곳에서 가장 잘 자라는 작물은 포도나무와 올리브예요. 그래서 지중해성 온대 기후가 나타나는 프랑스 남부, 이탈리아, 에스파냐는 포도주와 올리브 기름을 많이 생산해요.

온대 기후 중 특히 따뜻한 곳은 아열대 기후라고 해요. 타이완과 멕시코 지역이 대표적인 곳이에요. 아열대 기후는 여름이 길고 겨울이 짧아요.

세계 문명의 대부분이 온대 기후 지역에서 발달했다는 것은 기억할 만한 사실이에요.

열대 기후

열대 기후는 일 년 내내 기온이 높아요. 적도 주변에서 많이 나타나요. 연평균 기온이 20℃를 넘고, 연교차가 별로 없어 늘 여름이지요. 열대 기후에는 열대 우림 기후와 사바나 기후, 열대 계절풍 기후가 있어요.

열대 기후 일 년 내내 여름이에요. 이곳은 땅에 기둥을 박고 1∼2m 위에 집을 지어요.

열대 우림 기후 지역에서는 일 년 내내 비가 많이 오고 더워서 나무들이 잘 자라요. 빽빽하게 우거진 열대 우림을 쉽게 볼 수 있지요.

건기와 우기가 뚜렷이 나타나는 사바나 기후 지역에는 넓은 초원이 펼쳐져 야생 동물들이 많이 살아요. 케냐와 콩고 같은 나라는 이러한 초원을 국립 공원으로 지정해 동물들을 보호하고 있어요.

열대 계절풍 기후는 대륙의 동쪽 해안에 주로 나타나요. 이곳은 계절에

계절풍

계절에 따라 주기적으로 일정한 방향으로 부는 바람이에요. 여름에는 바다에서 대륙으로, 겨울에는 대륙에서 바다로 불어요.

따라 바람의 방향이 바뀌는 계절풍°이 불어요. 건기와 우기가 되풀이되며, 날씨가 덥고 비가 많이 와서 세계적인 벼농사 지역이에요.

열대 기후 지역에 사는 사람들은 집을 땅바닥에서 조금 띄워서 지어요. 그래야 땅에서 올라오는 뜨거운 열기와 습기를 피해 시원하게 지낼 수 있거든요.

건조 기후

건조 기후는 물이 부족해 식물들이 자라기 어려워요. 건조한 정도에 따라 크게 사막 기후와 초원 기후로 나뉘어요.

사막 기후 지역은 비가 거의 내리지 않아요. 비가 내리더라도 증발하는 속도가 빨라서 물을 모아 둘 수 없어요. 게다가 일교차도 무척 커서 낮에는 기온이 굉장히 높다가도 밤이 되면 빠르게 뚝 떨어져요.

건조 기후 지역의 집은 창문이 작단다. 그래야 뜨거운 햇볕이 집 안으로 많이 들어오지 않거든.

건조 기후 집들이 다닥다닥 붙어 있고, 창문이 작아요.

초원 기후 지역은 사막 기후 지역보다는 사정이 조금 나아요. 가끔씩 비가 내려 풀이 자라기도 하지요. 그러나 한 군데에 머물러 살 만큼 물이 풍부하지 않아서 많은 사람이 유목 생활*을 한답니다.

사람들은 물이 풍부한 오아시스에 집을 짓고 정착하기도 하는데, 집은 뜨거운 열기가 안으로 들어오지 못하게 벽이 두껍고 창이 작아요. 또한 그늘이 생길 수 있도록 집을 다닥다닥 붙여서 지어요. 사람들은 사막의 뜨거운 햇빛으로부터 피부를 보호하기 위해 옷으로 온몸을 감싸지요.

오늘날 예전보다 비가 더 내리지 않아 건조 기후 지역은 해마다 빠른 속도로 넓어지고 있어요. 초원 지역조차 사막으로 변해가고 있답니다.

유목 생활

일정한 곳을 정해 머물지 않고 물과 풀밭을 찾아 옮겨 다니면서 가축을 기르며 사는 방식이에요.

고산 기후

고산 기후는 고도가 높은 산지 지역에서 나타나는 기후예요. 중위도 지방에서는 2,000m 이상 되는 산에서 나타나요. 연평균 기온이 우리나라의 봄철과 같아 상춘 기후라고도 해요. 남아메리카의 안데스 산지에서 고산 기후가 두드러지게 나타나지요. 페루와 볼리비아는 위도상 열대 기후에 속하지만, 도시의 대부분이 안데스 산지에 있어서 선선해요.

낮에는 좀 덥고, 밤에는 쌀쌀해서 사람들은 늘 판초라는 망토를 걸치고 다녀요.

고산 기후 늘 봄날씨 같지만 밤에는 쌀쌀해요.

고산 기후에 사는 사람들은 알파카의 털로 짠 망토를 많이 입는구나.

다양한 인종이
어우러져 살아요

　요즘은 우리나라 어디를 가든 외국인을 흔히 볼 수 있어요. 외국인과의 결혼도 예전보다 많아졌지요. 외국인의 국적도 다양해요. 러시아, 미국, 베트남, 필리핀, 일본, 프랑스, 가나 등의 여러 나라에서 온 외국인을 자세히 보면, 생김새가 우리와 비슷한 사람도 있고 전혀 다른 사람도 있어요.

　인류는 사회적, 문화적 배경을 중심으로 아시아계, 아프리카계, 유럽계, 히스패닉계, 중동계, 원주민으로 나뉘어요. 아시아계는 보통 아시아 대륙에 많이 살아요. 유럽계는 유럽과 아프리카 북부, 북아메리카 대륙에 주로 살지요. 아프리카계는 아프리카 대륙과 카리브 해의 여러 나라에 많이 살고요. 히스페닉계는 남아메리카, 중동계는 중동 국가에 많이 산답니다. 물론 같은 인종이라도 민족에 따라 생김새가 조금씩은 달라요.

　전 세계 82억이 넘는 사람들은 국가와 민족에 따라 다양한 문화와 전통을 발전시켜왔어요. 종교도 그 가운데 하나랍니다. 전 세계 사람들이 가장 많이 믿는 종교는 크리스트교예요. 크리스트교를 믿는 사람은 가톨릭교와 개신교, 정교를 합치면 약 25억 명이 넘어요. 그 다음으로 이슬람교를 많이 믿어요. 이슬람교 다음으로는 힌두교, 불교, 원시 종교 등을 믿지요.

　종교는 지역적으로도 비슷하게 분포되어 있어요. 대체로 유럽과 유럽의 이주민들이 많이 사는 아메리카는 크리스트교 문화가, 서남아시아와 북부 아프리카, 중앙아시아에는 이슬람 문화, 동아시아에는 불교와 유교 문화가 사람들의 생활과 사고방식에 깊숙이 뿌리 내려 있어요.

유럽 사람들은 성경을 읽고 하나님과 예수님을 믿으며, 일요일에 성당이나 교회에 가서 미사나 예배를 드려요. 서남아시아와 북부 아프리카 사람들은 알라신을 믿고 쿠란을 읽어요. 이들은 이슬람교에서 금지하는 돼지고기를 입에 대지 않아요. 동아시아 사람들은 사당에 조상의 위패를 모시고 제사를 지내요. 또 부처님께 집안의 행복을 기원하며 절을 해요.

아시아계

유럽계

아프리카계

아프리카 사람들은 바위, 나무, 태양 같은 자연을 믿는 원시 종교를 믿죠?

유럽과 아메리카에 있는 아프리카계들은 크리스트교를 믿는 사람들이 많아. 물론 아프리카에서도 이슬람교를 믿는 사람들이 있단다.

옛날 지도는
어떤 모습인가요?

옛날 지도는 오늘날의 종이 지도와는 많이 달라요. 지도는 영어로 맵(map)이라고 하는데, 맵은 원래 '신호용 천'이라는 뜻이랍니다. 그러니까 옛날 지도는 필요한 것을 신호로 표시해 천 위에 그린 것이었지요. 천이 없었던 더 오랜 옛날에는 점토판에 지도를 그렸어요.

지금까지 남아 있는 세계 지도 가운데 가장 오래된 것은 바빌로니아에서 만든 점토판 지도예요. 이라크 북부 지역에서 발견된 이 지도는 기원전 약 2300년 무렵에 만들어졌어요. 이 당시에 바빌로니아 사람들은 점토판에 산골짜기에 있는 집을 그려 넣었어요. 그뒤 지도는 좀 더 넓은 지역을 나타내며 정교하게 발달했어요.

오늘날의 지도와 비슷한 모양의 세계 지도를 만든 사람은 그리스의 천문학자이자 지리학자였던 프톨레마이오스예요. 그는 150년 무렵에 유럽, 중국, 아프리카를 그린 지도를 만들었어요. 프톨레마이오스의 지도는 지금과 비교하면 지도보다 그림에 더 가까워요. 하지만 프톨레마이오스 지도는 지도의 북쪽을 위로 하고, 위도와 경도를 표시하는 등 그 당시로서는 아주 정확하게 만들었어요.

그럼, 우리나라는 언제부터 지도를 그렸을까요? 우리나라는 고구려 시대에는 단순한 지도를 만들다가 조선 시대에 와서 중국과 교류가 활발해지면서 다양한 지도를 만들었어요. 아쉽게도 고구려 때 만든 지도는 기록에만 남겨져 있고, 실물로 전해 오지 않아요. 우리나라에서 만든 지도 가운데 실물로 볼 수 있는 가장 오래된 것은 1402년에 만든 혼일강리역대국도지도예요.

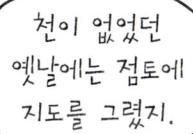

천이 없었던 옛날에는 점토에 지도를 그렸지.

지금은 인공위성을 통해 받은 정보로 매우 정확한 지도를 만들 수 있단다.

점토판 지도(기원전 2300년경) 바빌로니아(지금의 이라크) 사람들이 점토판에 새긴 지도예요.

혼일강리역대국도지도(1402년) 지도 가운데에 중국이 있고, 동쪽에 조선이 있어요. 남쪽 바다에는 일본이 그려져 있지요.

세계 지도를 읽어 보아요

우리가 사는 지구에는 200여 개의 나라들이 지구촌을 이루고 있어요. 국가 간의 무역이 늘어나고, 다른 나라로 여행을 많이 다니면서 우리는 세계 여러 나라의 위치와 정보가 많이 필요해졌어요. 특히 세계 여러 나라의 위치를 알기 위해서는 세계 지도를 읽어야 해요. 그러기 위해서는 먼저 위도와 경도를 알아야 하지요.

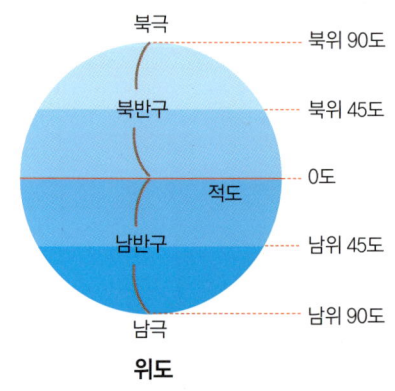

위도

위도와 경도

지구 표면에 가상의 가로선과 세로선을 그어서 어떤 지점의 위치를 표현하는 것이 위도와 경도예요. 따라서 세계 모든 곳의 위치는 위도와 경도로 표현할 수 있어요.

위도는 적도를 기준으로 남쪽과 북쪽의 위치를 나타내요. 적도는 남극과 북극의 딱 한가운데에 그은 상상의 선이에요. 적도를 0도로 표시하고 그 위아래에 선을 그어 위도를 표시하는데, 이 선을 위선이라고 해요.

경도는 동쪽과 서쪽의 위치를 나타내요. 경도는 북극과 남극을 잇는 세로선인 경선으로 표시해

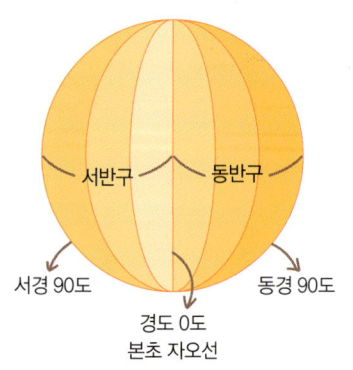

경도

요. 본초 자오선이라고 하는 상상의 경선을 기준으로 동쪽으로 180도, 서쪽으로 180도로 나누지요. 또 본초 자오선의 동쪽은 동경, 서쪽은 서경이라고 불러요. 경도 0도가 되는 본초 자오선의 위치는 영국의 그리니치 천문대로 정했어요.

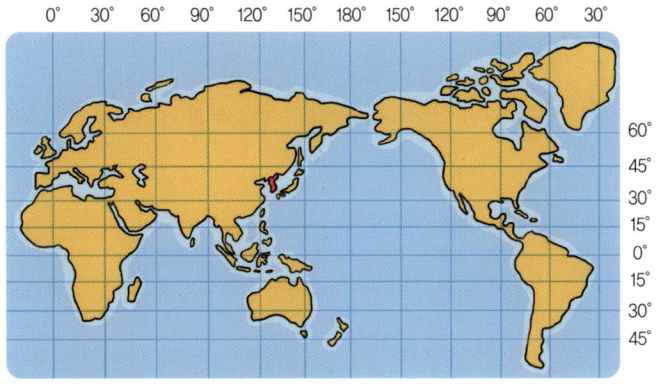

우리나라의 위치 북위 33~43도와 동경 124~132도 사이에 있어요.

지구를 반으로 나누면?

지구라는 공을 반으로 나누면 반구가 돼요. 지구를 가로로 나누느냐, 아니면 세로로 나누느냐에 따라서 동반구와 서반구, 북반구와 남반구로 불러요.

동반구와 서반구는 경도 0도를 기준으로 지구를 세로로 반을 나눈 것이에요. 동반구는 대체적으로 아시아가, 서반구는 유럽과 아메리카 대륙이 포함되어요. 적도를 기준으로 지구를 가로로 나누면 위쪽은 북반구, 아래쪽은 남반구라고 불러요. 북반구에는 지구 전체 육지의 약 67%가 포함되며, 이곳에 세계 인구의 90%가량이 살고 있어요. 우리나라는 북반구이면서 동반구에 속해요.

반면에 남반구는 바다가 차지하는 비율이 많아 사람들이 많이 살지 않아요. 북반구와 남반구는 계절이 정반대예요. 북반구인 우리나라가 여름일 때 남반구인 오스트레일리아는 겨울이랍니다.

나라마다 시간이 달라요

옛날에는 사람들이 사는 지역마다 시간이 조금씩 달랐어요. 그러나 다른 나라와 교류가 많아지자 지역마다 다른 시간이 문제가 되었어요. 그래서 기준이 되는 표준시를 만들었답니다.

시간은 경도에 따라 다르단다. 경도 15도 차이마다 1시간씩 다른 표준시를 사용하지.

표준시는 어떻게 정하나요?

영국 그리니치

월요일 오전 7시

05

베트남 하노이

동경 1055

월요일 오후 1시

날짜 변경선

지구상에서 날짜를 변경하기 위해 만들어 놓은 가상의 경계선이에요. 날짜 변경선은 태평양의 거의 중앙부, 대략 경도 180도 선을 따라 남북으로 설정되어 있어요.
이 선을 경계로 동쪽과 서쪽은 하루가 차이나 날짜가 달라져요. 날짜 변경선의 서쪽에 있는 우리나라는 날짜 변경선 동쪽에 있는 미국의 로스앤젤레스보다 하루가 빨라요.

(영국)	−1	0(시)	+1	+2	+3	+4
(우리나라)	−10	−9	−8	−7	−6	−5

영국과 우리나라는 몇 시간이나 차이 나요?

영국의 그리니치가 O도이고, 한국은 동경 135도의 시간을 이용하니까 영국보다 8시간 정도 빨라. 이렇게 지역에 따라 시간이 차이 나는 것을 시차라고 하지. 보통 자기 나라를 O도로 잡고 시간을 계산하면 편리해.

한국 서울
동경 135도
월요일 오후 3시

미국 로스앤젤레스
서경 118도
일요일 밤 11시

미국 뉴욕
서경 74도
월요일 새벽 12시

날짜 변경선

| +7 | +8 | +9 | +10 | +11 | +12 | −11 | −10 | −9 | −8 | −7 | −6 | −5 | −4 | −3 | −2 |
| −2 | −1 | 0(시) | +1 | +2 | +3 | −20 | −19 | −18 | −17 | −16 | −15 | −14 | −13 | −12 | −11 |

동쪽으로 한 칸씩 갈수록 1시간씩 빨라지고, 서쪽으로 갈수록 1시간씩 늦어져요.

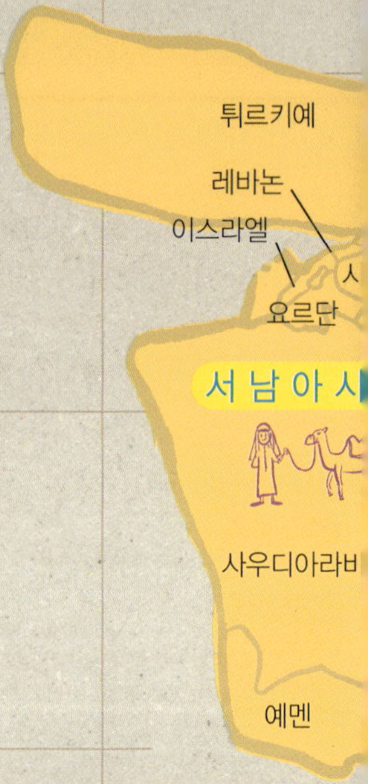

2

아시아 이야기

아시아는 지구에서 가장 크고 인구가 많은 대륙이에요.
동아시아에 있는 우리나라와 중국, 일본을 비롯해 동남아시아와
남아시아, 서남아시아, 중앙아시아에 많은 나라가 있어요.
아시아의 주요 나라에 대해 알아보아요.

튀르키예
레바논
이스라엘
요르단

서남아시

사우디아라비

예멘

카스피 해

우랄 산맥

러시아

카자흐스탄

중앙아시아

투르크메니스탄

키르기스스탄

타지키스탄

아프가니스탄

몽골

만리장성

파키스탄

인더스 강

히말라야 산맥

황허 강

대한민국

일본

동 아 시 아

중국

양쯔 강

갠지스 강

인도

타이완

남 아 시 아

미얀마

라오스

인도차이나 반도

타이

캄보디아 베트남

필리핀

동 남 아 시 아

말레이 반도

말레이시아

브루나이

싱가포르

인도네시아

지구에서 가장 큰 대륙, 아시아

아시아는 유럽과 붙어 있어요. 그래서 유럽과 함께 말할 때는 유라시아 대륙이라고 해요. 아시아와 유럽을 나누는 기준은 우랄 산맥과 카스피 해예요. 우랄 산맥과 카스피 해 서쪽은 유럽이고, 동쪽은 아시아예요. 이 때문에 우랄 산맥의 동쪽에 있는 러시아의 일부 지역은 아시아에 속해요.

동아시아

넓게 보면 러시아의 시베리아와 몽골의 일부를 포함해요. 동부 아시아 또는 동북 아시아라고도 해요.

남아시아

남부아시아라고 부르기도 해요.

아시아의 구분

아시아는 지구에서 가장 큰 대륙이에요. 동서 길이는 약 9,700㎞이며, 남북 길이는 8,690㎞에 이른답니다. 우리나라가 200개 정도 모여 있는 크기이니 아시아가 얼마나 큰지 짐작할 수 있겠지요.

아시아는 크게 동아시아°, 동남아시아, 남아시아°, 서남아시아, 중앙아시아로 구분해요. 동아시아는 아시아의 동부에 있으며 우리나라, 중

아시아 사람들 동아시아, 동남아시아, 남아시아, 서남아시아, 중앙아시아 사람들의 생김새는 조금씩 달라요. 문화도 종교에 따라 많이 다르답니다.

카스피 해
유럽
아프리카
서남
아시아
중앙아시아
우랄 산맥
동아시아
남아시아
동남아시아

> 아시아는 대략 우랄 산맥과 카스피 해의 동쪽이야. 동아시아, 동남아시아, 남아시아, 서남아시아, 중앙아시아로 나눌 수 있지.

국, 일본, 타이완 등이 속해요. 동남아시아는 인도차이나 반도와 말레이 반도 그리고 태평양의 수많은 섬으로 이루어져 있어요. 남아시아는 서남 아시아와 동남아시아 사이에 있으며 인도와 방글라데시, 몰디브 같은 나 라가 있어요. 서남아시아는 아시아, 유럽, 아프리카 이렇게 세 대륙의 길 목에 있고, 사우디아라비아와 시리아, 이스라엘 등의 나라가 있어요. 중 앙아시아는 아시아 대륙의 가운데에 있고, 몽골, 카자흐스탄을 비롯한 여러 나라가 있지요.

다채로운 기후와 지형

아시아는 워낙 넓고 크다 보니 기후도 다양해요. 가장 북쪽에 있는 시베 리아는 북극 지방에 속해 일 년 내내 겨울이에요. 반대로 가장 남쪽인 싱 가포르는 적도와 가까워 늘 반팔 차림으로 땀을 닦으며 다녀야 하지요.

아시아 대륙에는 험한 산맥과 사막이 많아 사람들이 살 수 없는 땅도 많아요. 아시아 대륙의 가운데에는 히말라야 산맥이 있어요. 히말라야 산맥에는 8,000m가 넘는 주요 봉우리 14개가 있는데, 그중에서 가장 높은 봉우리가 에베레스트 산이랍니다. 넓은 사막도 많은데, 고비 사막은 아시아에서 가장 넓고 타커라마간 사막도 널리 알려져 있지요.

아시아의 종교와 문화

아시아는 가장 큰 대륙답게 사람들이 정말 많이 살아요. 세계 인구의 약 60%나 되는 사람들이 아시아 대륙에 모여 사니까요. 특히 중국에는 14억 명, 인도에는 14억 명의 사람들이 산답니다.

오늘날 아시아에는 가난한 나라가 많아요. 하지만 먼 옛날에는 사정이 조금 달랐어요. 약 5500년 전에 인류 최초의 문명이 시작되었을 때, 세계 4대 문명 중 세 개의 문명이 아시아에서 시작됐거든요. 지금의 이라크 지역에서는 티그리스 강과 유프라테스 강을 끼고 메소포타미아 문명이 일어났어요. 중국의 황허 강 유역에서는 황허 문명이 번성했지요. 인도의 인더스 강 유역에서는 인더스 문명이 일어났어요.

불상 아시아 사람들은 불교와 힌두교를 많이 믿어요.

또한 세계의 주요 종교인 불교, 힌두교, 크리스트교, 이슬람교도 아시아 지역에서 생겨났답니다. 중국에서 발달한 유교와 도교 문화는 우리나라, 일본, 베트남 등에 큰 영향을 주었어요.

빠르게 발전하는 산업

고대에 번성했던 아시아는 근대에 들어 산업화의 속도가 늦어지고 유럽의 식민지로 시달리는 바람에 발전이 주춤했어요. 하지만 오늘날에는 풍부한 노동력과 기술을 활용하여 빠르게 경제 발전을 이뤄 가고 있어요.

아시아 여러 나라 가운데 중국은 전 세계의 공장이라고 불릴 정도로 다양하고 많은 물건을 만들어 수출하고 있어요. 우리가 흔히 쓰는 볼펜, 가방, 옷에서부터 자동차, 배까지 만들어 전 세계에 팔지요. 중국은 해마다 7~8%씩 경제가 성장해 지금은 미국과 함께 전 세계의 경제를 이끌고 있어요. 우리나라, 일본, 타이완도 전자와 정보 통신 기술이 뛰어나고요.

오리엔트라고 불렸던 아시아

오리엔트는 떠오른다는 뜻의 라틴어, 오리엔스(oriens)에서 비롯되었어요. 옛날 서양에서 가장 많은 사람이 모여 산 곳은 지중해 지역이에요. 아시아 대륙은 지중해 지역의 동쪽이고, 동쪽은 해가 뜨는 곳이지요. 그래서 서양 사람들은 해가 뜨는 곳이라는 의미에서 아시아를 오리엔트라고 불렀답니다.

서양 사람들은 아시아, 즉 오리엔트에 가기를 늘 꿈꾸었어요. 향료와 황금의 땅이라고 생각했거든요. 그러한 꿈이 가장 잘 나타난 것이 마르코 폴로가 쓴 〈동방견문록〉이에요. 이 책에서 오리엔트는 황금이 많은 풍요로운 곳으로 그려졌어요.

이탈리아의 상인, 마르코 폴로

세계의 지붕, 히말라야 산맥

길이가 약 2,400㎞에 이르는 히말라야 산맥은 전 세계에서 가장 넓고 높은 산맥이에요. 히말라야 산맥은 어느 한 나라에 속하지 않아요. 파키스탄, 인도, 중국의 티베트, 네팔, 부탄에 걸쳐 있어요. 하지만 에베레스트 산을 포함해 8,000m가 넘는 높은 봉우리들은 대부분 네팔에 있답니다.

히말라야는 도대체 무슨 뜻일까요? 히말라야는 옛날 인도에서 사용한 말로 눈을 뜻하는 '히마'와 보금자리를 뜻하는 '알라야'가 더해져 생긴 이름이에요. 우리말로 풀이하면 '눈이 사는 집'이 되니, 참으로 커다란 집이지요. 히말라야 산맥을 '세계의 지붕'이라고도 해요. 8,000m가 넘는 봉우리 14개, 약 3,000m의 봉우리 30여 개가 있어 생긴 말이지요.

히말라야 산맥에서 가장 높은 봉우리는 에베레스트 산(8,848m)이에요. 원래 티베트 사람들은 에베레스트를 초모룽마라고 불렀어요. 그런데 1850년에 영국이 이 봉우리의 높이를 재면서 에베레스트 산에 올라가 본 적도 없는 영국의 측량 관리인, 조지 에베레스트의 이름을 이 산에 붙였어요.

세계에서 최초로 에베레스트 산 정상에 발을 디딘 사람은 뉴질랜드 사람인 힐러리예요. 1953년 5월이었지요. 하지만 힐러리는 네팔의 셰르파 중 한 명인 텐징의 도움이 없었다면 에베레스트 산을 오를 수 없었다고 해요. 셰르파는 히말라야 산을 등반하는 사람들을 돕는 네팔의 부족을 말해요. 텐징은 힐러리가 위험할 때마다 목숨을 구했고, 먼저 에베레스트 산 정상을 밟을 수 있었지만 힐러리에게 양보했다고 해요. 히말라야 산맥에는 에베레스트 산 외에도 케이투 봉(K2), 안나푸르나, 로체 등의 높은 봉우리가 있어요. 우리나라는 지금까지 고상돈, 엄홍길, 김재수, 박영석, 한완용, 김창호가 히말라야 14개 봉우리를 모두 정복했어요.

에베레스트 산 전 세계의 수많은 등산가가 에베레스트 산의 정상에 올랐어요.

14억 인구의 힘을 지닌
중국

베이징

세계에서 가장 많은 사람들이 쓰는 언어는 무엇일까요? 영어라고요? 정답은 중국어예요. 중국의 인구는 약 14억 명으로, 세계에서 두 번째로 많지요. 3억여 명인 미국 인구의 4배가 넘어요. 그래서 세계의 많은 사람이 영어를 사용해도 중국어를 쓰는 인구에는 미치지 못하지요.

중국은 세계에서 네 번째로 커요. 동서 길이와 남북 길이 모두 5,000㎞가 넘고, 국경의 길이만 해도 2만 2111㎞라고 하니 정말 큰 나라이지요. 중국의 국경은 북한, 러시아, 카자흐스탄, 베트남, 인도, 파키스탄, 몽골 등 여러 나라와 맞닿아 있어요.

험준한 산과 사막, 다양한 기후

큰 나라답게 중국에서는 다양한 지형을 볼 수 있어요. 톈산 산맥과 쿤룬 산맥 같은 험준한 산맥이 있는가 하면, 고비 사막과 타커라마간 사막처럼 끝없이 모래로만 이어진 땅도 있지요. 그러나 무엇보다도 눈에 띄는 것은 중국을 가로질러 지나는 긴 강이에요. 그중 가장 유명한 것이 황허 강과 양쯔 강이지요. 황허 강 중류의 황토 지대는 고대 문명이 처음 시작된 곳으로, 뤄양 같은 고대 도시들이 바로 황허 강 유역에 자리했답니다. 길이가 6,300㎞인 양쯔 강은 아시아에서 가장 긴 강으로, 중국의 교통 · 산업 · 문화의 중심지예요.

이처럼 땅덩어리가 넓다 보니 기후도 다양해요. 북부는 북극과 가까워 겨울이 길고 아주 추워요. 중부는 사람들이 활동하기에 좋은 대륙성 온대 기후가 나타나요. 남부는 여름이 긴 아열대 기후가 나타난답니다.

박사님, 뭐 하세요?

중국어를 공부한단다. 앞으로 초강대국이 될지도 모를 중국에 가 보려고.

요기 요기

저도 중국에 대해 미리 공부했어요. 중국은 해마다 7~8%씩 경제가 성장해서 세계를 놀라게 하고 있대요.

中国

황허 강 세계 4대 문명의 하나인 황허 문명이 생겨난 곳이에요.

다양한 민족과 오랜 역사

중국에는 다양한 민족들이 살아요. 가장 많은 민족은 한족으로, 중국 인구의 90% 이상을 차지해요. 그 밖에 50여 개 소수 민족이 나머지를 이루지요. 이중에 우리나라와 같은 민족인 조선족은 170만 명쯤 되어요. 소수 민족 중에서도 인구가 많은 편이에요.

중국에는 약 5500년 전부터 황허 문명이 생겨났어요. 하지만 역사적인 증거가 발굴된 중국 최초의 나라는 갑골 문자를 사용한 은나라예요.

은나라를 이어 주나라가 생겼고, 주나라가 망한 뒤 중국은 심한 혼란을 겪었어요. 이 혼란기에 많은 사상가들이 나왔는데, 우리가 잘 아는 공자도 이때의 사람이에요. 시황제는 그 혼란스럽던 중국을 처음으로 통일하고 진나라를 세웠어요. 그뒤로도 많은 나라가 일어났다 쓰러졌는데, 그중 세력이 컸던 나라는 한나라, 수나라, 당나라, 송나라, 원나라, 명나라, 청나라예요.

갑골 문자

고대 중국에서 거북의 배딱지나 짐승의 뼈에 새긴 문자예요. 한자의 가장 오래된 형태랍니다.

우리나라와의 관계

중국은 황해를 사이에 두고 우리나라와 마주 보고 있어요. 그만큼 떼려야 뗄 수 없는 관계를 맺어 왔어요. 우리나라 최초의 국가인 고조선을 멸망시킨 것은 한나라였어요. 또 고려 시대에는 원나라가 쳐들어와 온 나라를 쑥대밭으로 만들었고, 조선 시대에도 청나라가 두 차례나 쳐들어왔어요. 하지만 두 나라가 늘 전쟁만 벌인 것은 아니에요. 삼국 시대부터 조선 시대까지 서로 무역을 하고 학자들이 교류했어요. 중국에서 들어온 한자와 유교 문화

공자 세계 4대 성인 중 한 사람이에요. 중국의 춘추 전국 시대에 유교를 체계적으로 정리했어요.

가 없었다면, 우리나라도 지금과는 많이 달랐을 거예요.

1950년대부터 우리나라와 중국의 사이는 멀어졌어요. 중국이 공산당이 지배하는 사회주의 국가가 되었기 때문이에요. 하지만 문을 굳게 닫아걸었던 중국이 1990년대 들어 개방을 하면서 우리나라와 중국은 1992년에 다시 외교 관계를 맺었어요.

2000년대 들어 중국 경제가 성장하면서 우리나라에도 매우 중요한 역할을 하고 있어요. 중국은 우리의 주요 무역 상대국이에요. 우리나라는 중국에서 쌀, 참깨 같은 농산물과 신발, 전자 제품 등의 공산품을 수입해요. 중국은 인건비가 싸서 우리나라의 자동차와 전자 제품 공장도 많아요. 반대로 우리나라의 화장품과 의류, 드라마는 인기가 많아 중국으로 수출하고 있지요.

세계에서 가장 긴 건축물, 만리장성

만리장성은 길이가 만 리에 이른다고 해서 붙여진 이름이에요. 중국의 만 리는 약 5,000km인데, 실제 만리장성의 길이는 7,000km가 넘는다고 해요. 많은 사람이 만리장성은 우주에서도 볼 수 있는 유일한 인공 건축물로 알고 있지만, 그것은 사실이 아니에요.

진나라의 시황제 때 처음 쌓기 시작한 만리장성은 그 뒤로 2000여 년 동안 여러 나라를 거치면서 쌓아 오다가 오늘날의 모습을 갖추었어요.

작지만 부강한 섬나라, 일본

일본은 커다란 섬 네 개와 수천 개의 작은 섬으로 이루어진 섬나라예요. 네 개의 섬은 홋카이도, 혼슈, 시코쿠, 규슈이지요. 이 가운데 가장 큰 섬이 혼슈예요. 일본의 수도, 도쿄가 혼슈에 있지요.

지진으로 흔들거리는 일본

일본은 환태평양 조산대◉에 속해 크고 작은 지진이 많이 일어나요. 1995년에는 대도시인 고베에 진도 7.2의 강한 지진이 일어나 많은 사람이 목숨을 잃었어요. 일본은 남북으로 긴 나라이기 때문에 남쪽 끝과 북쪽 끝의 기온 차이가 많이 나요. 북쪽 끝인 홋카이도의 연평균 기온은 남쪽 끝인 오키나와 섬에 비하면 16℃나 낮답니다. 일본은 또한 태풍이 지나가는 길목에 있어서 여름에는 늘 세찬 비바람이 불어요. 비도 자주 내려 연평균 강수량이 1,700㎜나 된답니다. 이것은 세계의 연평균 강수량 1,000㎜의 두 배에 가까운 양이에요.

자연환경은 일본 사람들의 생활에 많은 영향을 미쳤어요. 건물을 지을 때는 지진에 대비해 매우 튼튼하게 짓고, 여름이면 습도가 높아 후덥지근한 까닭에 일찍부터 에어컨이 필수품으로 자리 잡았지요. 또 활발한 화산 활동 덕분에 일본에는 온천이 많아요. 온천에서 느긋하게 하루를 보내는 게 일본 사람들이 가장 좋아하는 취미예요.

환태평양 조산대

조산대는 지층이 불안해서 화산과 지진 활동이 활발한 곳을 말해요. 환태평양 조산대는 태평양을 둘러싼 지역으로 세계 최대의 크기예요.

○도쿄

후지 산
높이 3,776m로
지금도 화산 활동을
하고 있어요.
후지 산 아래에는
도쿄가 자리하고
있어요.

기술로 다져진 경제

일본은 작은 섬나라이지만 오늘날 세계의 경제를 이끌고 있는 나라예요. 일본이 처음부터 잘 살았던 것은 아니에요. 1854년 미국 군함의 공격에 굴복해 나라를 개방했을 때만 해도 일본은 다른 아시아 국가와 비슷했어요. 그러나 일본은 서양 여러 나라의 앞선 기술을 재빨리 받아들여 빠르게 산업화를 이루고 군사력도 키웠어요.

나라가 잘살게 되자 일본은 다른 욕심을 부리기 시작했어요. 가까이에 있는 나라들을 무력으로 정복하려고 한 것이지요. 1931년부터 일본은 우리나라뿐만 아니라 중국의 만주와 타이완 등을 침략하고, 1941년에는 미국의 하와이 주 진주만에 있던 해군 기지를 공격해 태평양 전쟁을 일으켰

도쿄 일본의 수도이자 경제의 중심지예요.

어요. 결국 미국은 히로시마와 나가사키에 원자 폭탄을 떨어뜨려, 일본을 항복시켰지요.

오늘날 일본은 전쟁의 상처를 씻고 다시 성공적인 경제 발전을 이루어 냈답니다. 일본은 전 세계에서 2, 3위를 다투는 경제 대국으로 성장했지요. 일본의 자동차를 비롯해 전자 제품, 로봇 산업, 배 그리고 만화와 같은 문화 상품은 세계 최고 수준이지요. 또한 일본은 자체 기술로 고속 철도인 신칸센을 만들어 운행한답니다. 하지만 일본은 2000년대 들어 성장이 정체되고 있어요. 중국과 한국이 빠르게 기술을 따라오고, 일본 인구의 노령화로 경제적인 고민이 깊어지고 있거든요.

우리나라와의 관계

삼국 시대에 일본은 백제를 통해 중국의 앞선 문화를 배울 수 있었어요. 하지만 서양의 기술을 받아들인 일본은 조선 시대인 1592년에 우리나라를 침략했고 급기야 1910년에는 한일합방조약을 맺어 우리나라를 빼앗았어요. 최근에는 독도를 자기네 땅이라고 우기고, 동해를 일본해로 고치는 등 아직도 일본은 과거의 역사를 반성하고 있지 않답니다. 이로 인해 우리나라와 껄끄러운 관계가 되었어요.

우리나라와 일본의 사이는 그다지 좋지 않지만 여전히 활발하게 교류하고 있어요. 일본은 우리나라의 주요 무역 상대국이에요. 2002년에는 월드컵을 함께 개최했고, 2011년 일본에 쓰나미가 일어났을 때 우리나라는 집과 가족을 잃은 일본 사람들을 위해 성금을 마련하는 등 여러모로 도와주었답니다.

늙어가는 일본

일본은 1975년부터 2000년까지 60세 이상의 노인이 2배 가까이 증가했고, 15~29세의 인구는 줄어들었어요.

인구 구조가 이렇게 변한 까닭은 경제적인 이유와 의료 기술의 발달 때문이에요. 1990년대 들어 일본은 중국과 우리나라의 뛰어난 전자 제품에 밀려 무너졌어요. 이로 인해 젊은이들은 일자리를 많이 잃었고, 경제가 어려워지니 결혼도 안 하고 아이도 낳지 않았지요. 반면에 의료 기술이 발달하면서 노인들은 평균 수명이 늘어나 노인 비율은 계속 증가하고 있답니다.

천연자원이 풍부한 동남아시아

동남아시아는 아시아의 동남부 지역으로, 중국과 인도 사이에 있어요. 이 지역은 대륙에 속한 인도차이나 반도와 수천 개의 섬으로 이루어진 말레이 제도로 크게 나눌 수 있어요.

인도차이나 반도에는 타이, 베트남, 미얀마, 캄보디아, 라오스가 있고, 말레이 제도에는 인도네시아, 말레이시아(일부는 인도차이나 반도에 있어요.), 싱가포르, 필리핀, 브루나이 같은 나라가 있어요.

동남아시아 지역은 열대 계절풍 기후로 비가 많이 내리고, 주로 벼농사를 짓는 공통점이 있어요. 또 천연자원이 풍부해 이를 탐낸 유럽 여러 나라의 지배를 받다가 제2차 세계 대전이 끝난 뒤에야 대부분 독립했답니다.

독립 국가로 빛나는 타이

푸껫 섬 세계적인 휴양지로 유명해요.

타이는 동남아시아에서 유일하게 다른 나라의 지배를 받지 않은 나라예요. 그래서 타이 사람들은 이에 대한 자부심이 매우 높답니다.

타이라는 이름은 타이 어로 자유를 뜻한다고 하니 이름에 걸맞은 역사를 지닌 셈이지요. 타이는 왕이 있지만 실제로 총리가 정부를 이끄는 입헌 군주국◦이에요. 타이 사람들은 왕에 대한 신뢰와 믿음 못지않게 불교를 믿고 따라요. 또 타이는 세계에서 손꼽히는 쌀 생산국이에요. 경치가 빼어난 휴양지가 많은 것도 타이의 자랑거리랍니다.

입헌 군주국

왕이 있지만 직접 나라를 다스리지 않고 헌법과 법률에 따라 의회가 정부를 이끄는 국가 형태예요.

천연자원이 풍부한 말레이시아

말레이시아는 석유, 천연가스, 고무, 주석 같은 천연자원이 많은 나라예요. 그래서 동남아시아에서 싱가포르와 함께 잘 사는 나라에 속하지요.

말레이시아는 여러 민족이 모여 만든 나라예요. 말레이족이 가장 많지만 인도와 중국 사람도 많이 살아요. 왕이 있는 입헌 군주국이라는 것도 말레이시아의 특징이에요. 왕은 각 지역을 다스리는 아홉 명의 술탄 중에서 뽑으며 임기는 5년이에요. 이슬람 국가의 통치자를 뜻하는 술탄이라는 말에서 느껴지듯이 말레이시아는 이슬람교를 믿는 나라예요.

페트로나스 쌍둥이 빌딩
말레이시아의 수도 쿠알라룸푸르에 우뚝 솟은 건물이에요. 452m의 높이로 세계 5위 안에 들어요.

작지만 강한 싱가포르

싱가포르는 말레이 반도 남쪽 끝에 있는 싱가포르 섬과 그 밖의 여러 섬으로 이루어진 나라예요. 말레이시아와 연방 국가를 이루었다가, 1965년에 독립했어요. 크기는 서울과 비슷하지만, 아시아에서 일본과 브루나이 다음으로 국민 소득이 높아요. 싱가포르의 경제 발전에는 중국에서 이곳으로 이주한 사람들인 화교의 힘이 컸어요. 이들은 싱가포르 인구의 약 75%나 돼요. 화교는 유대인과 더불어 세계에서 가장 장사를 잘하는 사람들로 손꼽힌답니다. 싱가포르는 특히 은행, 보험 등 금융과 국제 무역에서 두각을 나타내고 있어요. 세금에도 관대해 전 세계의 부자들이 살고 싶어하는 나라이기도 해요.

많은 섬으로 이루어진 인도네시아

인도네시아는 무려 1만 7500여 개의 섬들로 이루어진 섬나라예요. 나라 이름도 인도의 섬들이라는 뜻이지요.

인도네시아는 천연자원이 풍부하고, 땅이 기름져 세계적인 쌀 생산국으로 꼽혀요. 또 화산섬이 많아서 아직도 활동을 하는 화산이 있답니다. 오랫동안 네덜란드의 지배를 받은 인도네시아는 1949년에 독립했어요. 오늘날 인도네시아는 세계에서 이슬람교 신자가 가장 많은 나라예요.

인도네시아에는 이슬람교 신자가 많은데 불탑이 있네?

현재는 이슬람 국가이지만 일찍이 인도로부터 힌두교와 불교도 받아들였거든.

보로부두르 수많은 탑이 모여 거대한 불탑이 되었어요. 100만 개의 돌을 42m의 높이로 쌓아 올린 보로부두르는 세계에서 손꼽히는 큰 건축물이에요.

외침에 시달렸던 베트남

베트남은 외국의 침략을 여러 차례 받았어요. 19세기 말부터 프랑스의 지배를 받은 베트남은 1945년에 독립하면서 두 개의 나라로 갈라졌어요. 이 두 나라가 싸운 전쟁이 베트남 전쟁이지요. 이 전쟁으로 베트남 사회주의 공화국이라는 통일된 나라가 되었답니다.

베트남은 세계적인 쌀 생산 국가예요. 커피와 후추도 많이 재배해요. 최근에 베트남은 개방을 통해 발전하고 있어요. 세계 여러 나라의 기업이 베트남에 공장을 두고 있답니다.

크리스트교 신자가 많은 필리핀

필리핀은 7,000여 개의 크고 작은 섬으로 이루어진 섬나라예요. 필리핀을 세상에 처음 알린 것은 세계 최초로 세계 일주를 했던 에스파냐의 마젤란이에요. 필리핀은 300년 넘게 에스파냐의 지배를 받았어요. 나라이름도 에스파냐의 왕인 펠리페 2세의 이름에서 따온 것이랍니다. 그뒤에 미국과 일본에 차례로 점령됐던 필리핀은 1946년에 독립했어요. 여러 차례 다른 나라의 지배를 받은 영향은 곳곳에 남아 있어요. 필리핀은 에스파냐의 영향으로 크리스트교 신자가 아시아에서 가장 많고, 또 미국의 영향으로 영어를 공용어로 쓴답니다.

필리핀 루손 섬의 계단식 논 이곳 사람들은 2000년 전부터 급경사지를 계단식 논으로 개간해 벼농사를 짓고 있어요. 경치가 독특하고 보존 가치가 있어서 유네스코 세계 문화유산으로 지정되어 있어요.

힌두교와 카스트의 나라, 인도

인도는 약 14억 명의 사람들이 사는, 세계에서 첫 번째로 인구가 많은 나라예요. 인도의 대부분은 평야 지역이지만 북쪽은 히말라야 산맥이 있어서 몹시 험준해요. 인도는 산간 지역 빼고는 일 년 내내 더워요. 계절은 무더운 계절과 장마철로 크게 나뉘어요. 계절풍이 부는 장마철에는 수시로 비가 많이 내려요. 인도 북부의 체라푼지는 1년에 1만㎜가 넘는 비가 내려, 세계 최고의 강우량을 기록하는 곳이에요.

인도는 중국 다음으로 쌀을 많이 생산하는 나라예요. 비가 많이 오고 더운 날이 많아 쌀농사에 적당하기 때문이에요. 체라푼지 지역은 차 재배도 많이 해요.

대부분의 인도 사람들은 힌두교를 믿어요. 힌두교 신자들은 소를 신성하게 여겨서 쇠고기를 먹지 않고 소를 죽이지도 않는답니다. 그래서 인도에 가면 거리를 자유롭게 다니는 소들을 볼 수 있어요. 힌두교는 자기의 정해진 운명과 환생을 믿고 '카스트'라는 제도를 따라요. 카스트는 사람을 네 개의 계급과 여기에도 속하지 못하는 가장 낮은 계층인 불가촉천민으로 나누고 차별하지요. 인도의 법은 카스트를 인정하지 않지만, 사람들 사이에서는 아직까지 완전히 없어지지 않았어요.

인도는 기원전 2500년경부터 문명이 발달한 나라예요. 인더스 강 유역의 모헨조다로와 하라파에서는 아주 발달한 인더스 문명의 흔적이 남아 있답니다. 인도는 1498년 포르투갈 탐험가인 바스쿠 다 가마가 캘리컷에 닻을 내리면서부터 유럽에 소개되었어요. 당시 유럽에서 값비싸던 향신료가 인도에 많다는 이야기가 전해지면서 유럽의 강국들은 앞다투어 인도를 차지하려고 했어요. 결국 영국이 인도를 식민지로 만들었지요. 제2차 세계 대전을 계기로 인도 국민들은 영국과 싸워 독립했어요.

　오늘날 인도는 중국과 함께 많은 인구를 자랑하며 빠르게 발전하는 나라로 주목받고 있어요. 컴퓨터와 소프트웨어 산업이 매우 발달해 세계의 정보 산업을 이끌고 있답니다.

길거리의 소 인도 사람들은 소를 신성하게 생각해요.

힌두교를 믿는 인도 사람들은 소를 매우 신성하게 생각한단다. 쇠고기도 먹지 않지.

맛있는 쇠고기를 먹지 못하다니……. 안타까워서 눈물이 나요.

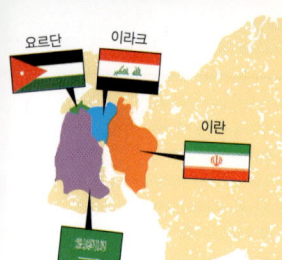

요르단   이라크

이란

사우디아라비아

사막과 석유의 땅, 서남아시아

서남아시아는 아시아의 남서쪽으로, 흔히 중동이라고도 해요. 서남아시아에는 사우디아라비아를 비롯해 이란, 이라크, 이스라엘, 쿠웨이트, 요르단, 레바논, 아랍 에미리트 같은 나라들이 있어요.

서남아시아의 나라들은 몇 가지 공통점이 있어요. 먼저 이 지역은 역사가 아주 오래된 지역이에요. 기원전 3000년경부터 티그리스 강과 유프라테스 강 유역에 메소포타미아 문명을 일으켰어요. 고대 역사에 큰 획을 그었던 바빌로니아, 아시리아, 페르시아 같은 고대 제국들이 지배했던 곳이지요. 또 이스라엘을 제외하곤 대부분 이슬람교를 믿어요.

서남아시아는 대부분 사막 지역이에요. 그래서 예전부터 낙타를 타고 사막을 건너며 장사를 하는 사람들이 많았어요. 사막 한가운데에서 물이 솟는 오아시스 도시들은 그 덕에 큰 번영을 누리기도 했지요. 그러나 척박한 환경 탓에 서남아시아 지역은 한동안 별다른 경제 발전이 없었어요. 하지만 20세기에 석유가 발견되고 산업에 중요하게 쓰이면서, 서남아시아의 몇 나라는 지금 세계에서 아주 부유한 나라가 되었어요.

특히 사우디아라비아는 전 세계에서 석유와 천연가스를 가장 많이 생산해요. 사우디아라비아는 1970년대 석유 값이 크게 오르면서 경제가 빠르게 성장했어요.

변화한 서남아시아의 모습을 잘 보여 주는 곳이 아랍 에미리트의 도시인 두바이예요. 사막에 불과했던 두바이는 높은 빌딩이 들어선 화려한 도시가 되었어요. 100년 전만 해도 생각할 수 없었던 놀라운 변화이지요.

서남아시아 나라들은 오늘날 떵떵거리고 잘 살지만 빈부의 차가 커요. 또한 종교와 역사적인 갈등으로 이스라엘과 자주 싸워서 해마다 아까운 목숨을 잃는 사람이 많아요.

사우디아라비아에 있는 메카 이슬람교를 만든 마호메트의 출생지로 이슬람교의 성지예요. 해마다 순례의 달에는 전 세계 이슬람교 신자 약 250만 명이 찾아와요.

사막의 오아시스 사막 한가운데 있는 샘으로 이곳에 도시와 마을이 생겼어요.

사우디아라비아의 유전 세계 최대 석유량을 자랑해요.

아시아에서는 내가 최고!

아시아는 가장 넓은 대륙답게 사람도 많이 살고 자연환경도 다양해요. 옛날 유럽에서 신비한 곳이라 생각한 아시아의 최고 자랑거리를 알아보아요.

가장 낮은 곳

사해(해수면 아래로 약 400m)

이스라엘

룹알할리 사막

적도

가장 높은 곳

세계 최고!

에베레스트 산(높이 8,848m)

가장 작은 나라

몰디브(넓이 300㎢)

도쿄(넓이 2,166㎢)

우랄 산맥

카라코람 산맥

고비 사막

타커라마간 사막

황허 강

티베트 고원

중국

히말라야 산맥

양쯔 강

네팔

갠지스 강

일본

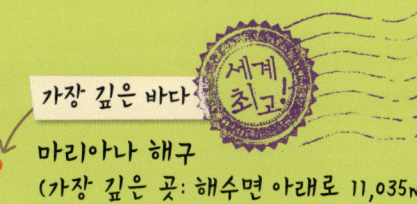

가장 깊은 바다

세계 최고!

마리아나 해구
(가장 깊은 곳: 해수면 아래로 11,035m)

가장 긴 강

양쯔 강(길이 6,300km)

아시아 문화 들여다보기

아시아는 이슬람교, 힌두교, 불교, 크리스트교, 유교 문화가 두드러지게 나타나기도 하고 혼합되어 발달하기도 했어요. 벼농사를 많이 지어 쌀로 만든 음식 문화도 발달했지요. 아시아의 독특한 건축물과 문화를 가까이에서 들여다보아요.

유네스코 세계 문화유산

인도의 타지마할
옛 무굴 제국의 샤자한 황제가 죽은 왕비를 잊지 못해 만든 무덤이에요. 2만 명이 넘는 사람들이 지었으며, 인도의 대표적인 이슬람 건축물이에요.

중국의 자금성
수도 베이징에 있는 명·청나라의 궁궐이에요. 총 9,999개의 방이 있어요.

쌀을 즐기는 음식 문화

쌀밥
계절풍 기후 지역인 아시아는 벼농사를 많이 지어요. 그래서 쌀밥을 많이 먹어요. 우리나라는 흰 쌀밥과 김치를 먹고, 인도는 푸석한 쌀밥에 카레를 섞어서 먹지요.

초밥
일본은 바다의 영향을 많이 받아서 아주 습해요. 이 때문에 음식이 상하는 것을 막기 위해 밥에 식초를 넣은 초밥이 발달했어요.

쌀국수
베트남은 일 년에 두 번 벼농사를 지어요. 쌀이 풍부해 쌀로 만든 음식의 종류가 많아요.

문화와 종교

한자
한자는 중국의 문자예요. 중국의 한자는 여러 서체로 발전하고, 아시아 여러 나라로 전파되었어요.

이슬람교
인도네시아와 서남아시아 사람들은 이슬람교를 많이 믿어요. 매일 아침 메카를 향해 절을 하고 쿠란을 읽어요. 여자들은 머리에 부르카를 쓰지요.

불교
동남아시아의 라오스, 캄보디아, 미얀마, 타이에서는 국민들의 생활에 불교가 깊숙이 뿌리내려 있어요. 이른 아침에 스님들이 거리에 나타나면 존경하는 뜻으로 꽃과 음식을 바치지요.

3

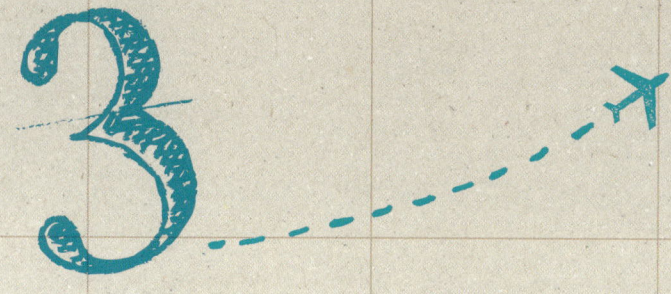

유럽
이야기

유럽은 작지만 수많은 나라가 모여 사는 대륙이에요.

유럽은 세계의 역사에 큰 발자취를 남긴 고대 그리스와 로마 문명이

태어난 곳이기도 해요. 오늘날의 유럽은 이 두 개의 문명에 뿌리를 두고

서양의 문화를 발전시켰어요. 유럽의 여러 나라를 통해 서양 문화를

생생하게 확인해 보아요.

그린란드
(덴마크령)

아이슬란드

북부 유럽

핀란드

러시아

우랄 산맥

노르웨이

스웨덴

라트비아

덴마크

벨라루스

볼가 강

아일랜드

중부 유럽

영국

독일

폴란드

동부 유럽

우크라이나

서부 유럽

벨기에

룩셈부르크

체코

라인 강

센 강

헝가리

캅카스 산맥

스위스

프랑스

다뉴브 강

알프스 산맥

세르비아

불가리아

이탈리아

포르투갈

에스파냐

남부 유럽

그리스

서양 문명이 시작된 유럽 대륙

유럽은 작은 대륙이지만 40개가 훨씬 넘는 국가가 있어요. 인구 밀도도 아시아에 이어 두 번째로 높답니다. 유럽은 크게 다섯 지역으로 나뉘어요. 빙하와 호수의 땅인 북부 유럽, 유럽의 정치와 경제의 중심지인 서부 유럽, 유럽 대륙의 가운데에 있는 중부 유럽, 그리스와 로마의 유적과 빼어난 경치를 자랑하는 남부 유럽, 오랫동안 러시아의 연방국이었던 동부 유럽이 있지요.

다채로운 기후와 지형

북부 유럽은 북극과 가까워 한대 기후가 나타나요. 반면에 남부 유럽은 온대 기후에 속해요. 여름에는 아주 따가운 햇볕이 쏟아지고 건조한 지중해성 온대 기후가 나타나요. 그 중간 지역인 서부 유럽과 중부 유럽의 프랑스와 독일 등은 온화한 날씨가 나타나요.

북부 유럽은 빙하의 영향을 많이 받았어요. 빙하가 흐르면서 깎아 놓은 피오르 해안과 호수가 곳곳에 있어 아름다운 경치를 볼 수 있어요. 베네룩스 삼국과 프랑스 등이 있는 서부 유럽, 독일과 그 주변 나라가 있는 중부 유럽은 평지와 낮은 언덕들이 펼쳐져요. 알프스 산맥은 유럽 남부를 가로 질러요.

유럽의 강은 여러 나라를 흐르는 특징이 있는데, 라인 강은 알프스 산

유럽은 유적이 많아서 제대로 구경하려면 1년도 모자란단다.

40개 나라의 역사가 숨 쉬는 문화 유적을 보려면 정말 그렇겠네요.

에스파냐의 알람브라 궁전
알람브라 궁전은 유럽에서 이슬람 건축 양식이 가장 잘 나타나 있는 건축물이에요.

이탈리아의 베네치아
영어로는 베니스라고 해요. 118개의 섬이 약 400개의 다리로 이어져 있어 '물의 도시'라는 별명이 있어요. 도시를 구경하려면 곤돌라라는 배를 타고 다녀야 해요.

맥에서 시작되어 독일과 네덜란드를 거쳐 북해로 흘러들어요. 다뉴브 강은 독일에서 시작해 오스트리아와 루마니아를 거쳐 흑해로 흘러들지요. 그리스, 이탈리아, 에스파냐 등이 있는 남부 유럽은 북부는 높고 험한 산지가 나타나고, 남부는 지중해와 맞닿아 있어요.

고대 그리스와 로마 문명이 시작된 곳

유럽의 문명은 고대 그리스에서 시작되었어요. 고대 그리스 문명을 이어서 발전시킨 나라는 고대 로마 제국이에요. 지중해를 중심으로 한 로마 제국은 아프리카, 아시아에 이르기까지 많은 식민지를 둔 대제국이었어요. 로마 제국은 특히 크리스트교를 전 세계에 전파시키는 데 중요한 역할을 했어요. 로마 황제가 국가의 종교로 인정한 크리스트교는 유럽의 중세 시대에 종교는 물론 정치, 교육, 예술에 큰 영향을 끼쳤어요. 유럽 하면 흔히 고대 그리스 문명과 크리스트교 문화가 어우러진 곳이라고 하는데, 이것은 로마 제국 시절에 기초를 마련한 덕분이랍니다.

프랑스의 노트르담 대성당 유럽에는 파리의 노트르담 대성당 같은 중세 고딕 건축 양식 건축물이 곳곳에 있어요. 로마 제국의 국교였던 크리스트교의 발자취 중 하나이지요.

근대에 이르러 유럽의 여러 나라들이 강대국이 되면서 유럽의 문화가 세계에 널리 알려졌어요. 셰익스피어와 괴테 같은 문학가, 모차르트와 베토벤 같은 음악가, 고흐와 피카소 같은 화가 등 수없이 많은 예술가가 나온 곳이 바로 유럽이에요.

탄탄한 산업

유럽의 나라들은 땅이 워낙 좁아서 새로운 땅을 찾는 데 관심이 컸어요. 특히 15세기부터 활발해졌는데 이때를 '지리상의 대발견 시대'라고 해요. 이 시기에 유럽은 아프리카, 인도 등에 진출해 이들 나라와 강제로 교역을 하여 많은 돈을 벌어들였어요.

바스쿠 다 가마 기념 우표 바스쿠 다 가마를 비롯해 콜럼버스, 마젤란 등이 대서양을 횡단해 아메리카, 동남아시아, 인도를 발견하면서 유럽은 지리상의 대발견 시대를 맞이했어요.

지리상의 발견으로 풍족해진 유럽이 더욱 빠르게 발전하게 된 계기는 산업 혁명이에요. 유럽의 나라들은 산업 혁명을 통해 대량 생산된 물건을 전 세계에 팔았어요. 또 더 많은 물건을 팔려고 세계 여러 나라에 많은 식민지를 거느렸어요.

하지만 유럽에도 힘든 시기가 있었어요. 바로 제1차 세계 대전과 제2차 세계 대전이라는 큰 전쟁이지요. 두 전쟁을 치르면서 유럽은 심하게 파괴됐어요. 또 제2차 세계 대전이 끝난 뒤에는 유럽의 식민 국가들이 대부분 독립하는 변화가 생겼어요.

그렇지만 현재까지도 유럽은 세계에서 가장 잘 사는 대륙이에요. 기계 부품 공업, 에너지 산업과 같은 첨단 산업뿐만 아니라 보험업, 은행업, 패션 산업 등도 유럽이 앞서 나가는 분야예요.

하나의 유럽을 꿈꾸는 유럽 연합

두 차례의 세계 대전이 끝나자 러시아를 제외한 유럽의 여러 나라는 전쟁의 피해도 극복하고 전쟁을 치렀던 나라들끼리의 관계도 돌이켜야 했어요. 또 강대국인 미국과 러시아에 맞서려면 힘을 모아야 했지요.

1950년대 초에 유럽의 몇몇 나라는 유럽 공동체를 만들어 경제 문제를 서로 돕기로 했어요. 그 뒤 1993년에 유럽 공동체는 훨씬 더 통일성이 강조된 유럽 연합을 만들었어요. 유럽 연합에 속하는 나라끼리는 공동 화폐인 유로화를 쓰고, 관세 장벽 등을 완전히 없애 경제적으로 하나가 되고자 한 거예요. 유럽 연합을 줄여서 '이유'(EU)라고 한답니다.

유럽기 유럽 연합을 상징하는 깃발이에요. 파란색 바탕에 12개의 금색 별이 원을 이루고 있어요. 운전면허증, 자동차 등록증, 유로화 등에서 이 문양을 볼 수 있지요.

하지만 유럽의 모든 나라가 유럽 연합에 속한 것은 아니에요. 러시아는 러시아가 이끄는 독립 국가 연합에 더 관심이 많아 가입하지 않았어요. 반면에 튀르키예는 유럽 연합에서 받아 주지 않는 경우예요. 여기에는 종교적·경제적 이유가 섞여 있어요. 대부분의 유럽 나라들이 크리스트교를 믿어요. 그런데 튀르키예는 이슬람교를 믿거든요. 게다가 튀르키예는 다른 나라에 비해 경제력이 떨어지고, 14세기에 유럽의 여러 나라를 침략했던 것도 유럽 연합에서 거부하는 이유라고 해요.

2002년부터 유럽 연합 회원국은 '유로화'라는 공동 화폐를 쓰고 있어요. 다른 나라를 갈 때마다 그 나라 돈으로 바꾸는 것이 불편했기 때문이지요.

하지만 유럽 연합 회원국이라고 모두 유로화를 쓰는 것도 아니에요. 덴마크나 스웨덴은 유로화를 쓰지 않는데, 그 이유는 자기 나라의 산업을 보호하고 물가가 오르는 것을 막으려는 데 있답니다.

유로화 유럽 연합 회원국이 함께 쓰는 화폐예요.

아빠가 유럽 세 나라에 출장을 다녀오셨는데 돈이 똑같아요.

유럽 연합에 가입한 나라끼리는 유로화라는 돈을 함께 쓴단다.

왜 그런 거예요?

유로화 연합

유럽 나라들끼리 경제적으로 힘을 합쳐 더 잘 살려고 하는 것이지.

그런데 러시아와 튀르키예는 유럽 연합에 속해 있지 않아.

아, 유럽 연합에 가입하지 않은 나라도 있군요.

유럽 연합

러시아

터키

빙하와 호수의 땅, 스칸디나비아 삼국

북부 유럽은 주로 북극해와 만나요. 노르웨이, 스웨덴, 핀란드, 덴마크, 아이슬란드를 포함하고 있지요. 이중 스칸디나비아 삼국은 스칸디나비아 반도의 노르웨이와 스웨덴, 그리고 유틀란트 반도에 있는 덴마크를 합쳐 부르는 말이에요.

북부 유럽의 민족은 노르만 족이나 바이킹 족이에요. 이들은 9~11세기까지 유럽 전 지역의 바다를 헤집고 다니며 살았어요.

빙하의 흔적이 있는 노르웨이

노르웨이는 스칸디나비아 반도의 서쪽에 길게 뻗어 있어요. 지도에서 서해안을 보면, 해안선이 창자처럼 들어갔다 나왔다 구불구불해요. 그래서 노르웨이 해안선의 길이는 총 2만km가 넘지요. 특히 노르웨이의 피오르는 육지 쪽으로 깊숙이 활 모양으로 굽어 펼쳐져 있어서 산과 바다가 어우러지는 멋진 경치를 보여 주고 있어요.

노르웨이는 빙하에 의해 산이 깎여 가파른 경사지가 많아요. 덕분에 산에서 흐르는 물이 아주 빠르게 흘러요. 노르웨이는 물살이 센 강가에 댐을 만들

노르웨이의 수력 발전 강물의 유량(시간당 흐르는 물의 양)이 풍부하고 가파른 곳이 많아 수력 발전에 유리해요.

고 수력 발전 시설을 갖추어 전기를 많이 생산해요. 이처럼 노르웨이는
자연을 이용해 경제에 활력을 주고 있답니다.

9만 개의 호수가 있는 스웨덴

스웨덴은 땅의 절반 이상이 울창한 숲이에요. 스웨덴 어디를 가든 아름드리 가문비나무와 소나무가 자라고 있지요. 이 때문에 스웨덴에서는 나무가 큰 효자 노릇을 해요. 펄프 산업과 가구 산업이 아주 발달했지요. 특히 세계적으로 이름난 목재 가구 회사가 스웨덴에 많이 있답니다.

스웨덴은 나무뿐만 아니라 호수도 많아요. 크고 작은 호수가 약 9만 개나 돼요. 이 호수들은 빙하가 땅을 움푹 판 뒤 그 자리에 빙하가 녹으면서 호수가 되었어요.

호수가 많은 스웨덴
어디를 가든 호수를 볼 수 있어요.
호수 주변에는 숲이 울창하게 우거져 있어요.

스웨덴이 한때 덴마크의 땅이었다는 사실을 모르는 사람들이 많아요. 덴마크와 스웨덴은 100년이 넘게 한 나라였어요. 그러다 스웨덴 국민들은 힘을 합쳐 덴마크로부터 독립했어요. 스웨덴 국민들은 국가가 보장해 주는 사회 보장 제도 덕분에 여유롭게 살아요. 그 대가로 국민들은 수입의 대부분을 세금으로 낸답니다. 하지만 국민들이 복지 제도에 의존해 사는 문제점도 발견되고 있어서 스웨덴 정부는 고민하고 있어요. 복지 국가 외에도 스웨덴의 자랑거리는 '노벨상'이에요. 다이너마이트를 발명한 노벨은 평생 번 돈으로 인류를 위해 공헌한 사람들에게 상을 주기로 했어요. 노벨상 시상식이 해마다 스웨덴의 스톡홀름에서 열리는 것도 이 때문이랍니다.

축산업의 강국, 덴마크

덴마크는 400여 개의 섬과 유틀란트 반도로 이루어져 있어요. 빙하가 할퀴고 간 땅은 대부분 돌덩어리가 많고 척박했어요. 하지만 덴마크 사람들은 절망하지 않았어요. 황무지에 있는 돌덩어리들을 치우고 나무를 심어 미래를 꿈꾸었답니다. 척박한 땅은 이런 노력으로 점차 농경지로 변해 갔어요.

이와 함께 농가에서는 우유와 육류를 가공했어요. 덴마크의 버터와 치즈, 농축 우유는 세계 최고의 기술과 맛을 자랑해요. 이 덕분에 유럽 최고의 선진 농업 국가로 자리 잡아 잘살고 있답니다.

덴마크에서 축산업 외에도 유명한 것이 또 하나 있어요. 그것은 세계에서 가장 큰 섬인 그린란드예요. 그린란드의 두꺼운 얼음 땅 밑에는 석유와 천연가스가 엄청나게 묻혀 있거든요. 풍부한 지하자원은 덴마크의 또 다른 자랑거리예요.

노르웨이, 스웨덴, 덴마크는 스칸디나비아 삼국으로 모두 북부 유럽에 있어. 그중 덴마크는 축산업이 발달했어.

이 치즈와 우유는 덴마크의 기술로 만든 거야.

북부 유럽은 숲과 호수도 많잖아요.

축산업이 발달한 덴마크
염소와 돼지를 많이 기르고, 우유 가공품도 많이 생산해요.

해가 지지 않는 문화 강국, 영국

영국은 유럽 대륙 서북쪽에 있는 섬나라예요. 잉글랜드, 스코틀랜드, 웨일스, 북아일랜드 이렇게 네 개 지역이 합쳐서 만든 나라지요. 잉글랜드와 스코틀랜드, 웨일스는 그레이트브리튼 섬에 있어요. 북쪽에 있는 아일랜드 섬에는 북아일랜드와 독립 국가인 아일랜드 공화국이 있어요. 그래서 영국은 '그레이트브리튼과 북아일랜드 연합 왕국'이라는 긴 공식 이름을 지녔답니다.

영국은 세계의 역사에 큰 영향을 주었어요. 세계 최초로 의회 민주주의가 꽃피었고, 산업 혁명도 제일 먼저 일어났어요. 영국은 입헌 군주국으로, 지금은 찰스 3세가 국왕이에요. 하지만 왕은 헌법에서 정한 권력만 갖고, 총리가 나라를 다스리는 의회 민주주의 국가예요.

비와 바람이 많은 곳

영국은 캐나다의 일부 지역과 비슷한 위도에 있지만 날씨가 훨씬 따뜻해요. 따뜻한 해류인 북대서양 해류가 영국 주변을 흐르기 때문이지요. 북쪽인 스코틀랜드와 웨일스는 남쪽인 잉글랜드와 지형과 날씨가 사뭇 달라요. 스코틀랜드와 웨일스는 산이 많고 지형이 험난해 춥고 바람이 많이 부는데 비해, 잉글랜드는 늪지가 많고 비가 자주 와요. 북아일랜드는 습도가 높지만 사계절 내내 따뜻하답니다.

버킹엄 궁 찰스 3세가 살고 있어요. 궁전을 지키는 근위병은 교대할 때마다 군악대와 함께 입장해요.

영국은 해양성 온대 기후야. 그래서 바다 쪽에서 습기를 머금은 바람이 많이 불어와.

그래서 영국 신사는 꼭 우산을 들고 다니는구나.

비가 자주 오는 영국 영국 사람들은 언제 비가 올지 몰라 늘 우산을 들고 다녀요.

산업 혁명이 시작된 나라

영국은 18~19세기까지 세계에서 가장 강한 나라였어요. 전 세계 곳곳에 영국의 식민지가 있어 '해가 지지 않는 나라'라고도 불렸어요.

홍콩도 얼마 전까지는 영국의 식민지였답니다. 영국이 세계 최강의 나라가 될 수 있었던 것은 산업 혁명 덕분이에요. 산업 혁명으로 물건들을 대량 생산할 수 있게 되자 영국은 그 물건들을 식민지를 비롯한 세계 곳곳에 팔았어요. 그래서 영국은 더욱 부자 나라가 되었지요.

증기 기관 증기의 힘으로 기계를 움직이는 증기 기관이 영국에서 발명되면서 산업 혁명이 일어났어요. 사람들이 만들던 물건들을 기계가 대신하면서 영국은 세계의 공장이 되었어요.

1945년에 제2차 세계 대전이 끝나자 영국의 식민지였던 나라들이 하나둘 독립했어요. 그러나 영국의 식민지였던 오스트레일리아, 뉴질랜드, 캐나다 등은 영국과 함께 영국 연방을 만들어 지금껏 사이좋게 지내요. 그래서 오스트레일리아와 뉴질랜드 국기에는 영국의 국기가 함께 표시된답니다.

영국은 제2차 세계 대전이 끝난 뒤 어려움을 겪었어요. 식민지들은 독립하고, 영국의 경제는 힘을 잃었지요. 기업들이 영국의 값비싼 노동력을 피해 해외로 이전하는 바람에 일자리를 잃은 사람도 많이 생겼어요. 파업 또한 자주 일어났지요. 다행히 영국은 위기를 슬기롭게 넘겼어요. 새로운 공장들을 세우고, 북해의 석유와 천연가스를 개발해 경제를 회복시키는 원동력으로 삼았어요. 끝없는 노력으로 오늘날에도 영국은 세계에서 매우 영향력 있는 나라 가운데 하나가 됐어요.

파업

노동자들이 자기들의 요구를 이루려고 집단적으로 생산 활동이나 일을 멈추는 행위예요.

영국의 문화

창조적인 문화의 전통을 갖고 있는 곳이 영국이에요. 국회 의사당의 대형 시계 빅벤, 버킹엄 궁은 영국의 오래된 역사와 전통을 간직하고 있어요. 37편의 희곡을 남긴 셰익스피어는 영국 여왕이 인도와도 바꾸지 않겠다고 말했을 정도로 뛰어난 작가였어요. 하지만 옛날 문화만 영국을 빛내 주는 것은 아니에요. 현재 영국의 뮤지컬은 창의성 있고 재미있는 내용으로 런던을 한 번쯤은 찾아가고 싶게 만들어요. 이뿐만 아니라 비틀즈 음악과 소설 〈해리 포터〉와 〈반지의 제왕〉 등은 현대의 영국 문화를 전 세계에 알렸답니다.

영국은 스포츠의 나라이기도 해요. 축구, 럭비, 테니스 같은 운동들이 영국에서 처음 시작되었어요. 요즘에도 중요한 축구 경기가 있는 날이면, 영국 전체가 축제라도 벌이는 것처럼 떠들썩하답니다.

도버 해협에 가다

지구촌 뉴스

도버 해협은 영국과 프랑스 사이에 있는 좁고 긴 바다예요. 영국 사람들은 이 해협을 도버 해협이라고 하고, 프랑스 사람들은 칼레 해협이라고 해요. 예전에 이 해협을 건너려면 배를 타야 했지만 지금은 기차를 타고 가요. 이 해협 지하에 유로 터널이 뚫렸거든요. 총 길이가 50㎞에 이르는 유로 터널에는 테제베 같은 초고속 열차들이 달려요. 이 터널을 이용하면 런던과 파리 사이를 세 시간 만에 이동할 수 있어요.

유럽 연합의 기초를 닦은 베네룩스 삼국

베네룩스는 벨기에, 네덜란드, 룩셈부르크, 이렇게 세 나라의 이름 앞 글자를 따서 만든 말이에요. 세 나라는 독일과 국경을 맞대고 있으며 라인 강을 통해 서로 연결되어 있어요. 세 나라는 1944년에 관세 동맹을 맺어 물건을 수입할 때는 세금을 면제하고, 경제·군사적으로 서로 돕겠다고 약속했어요. 이 나라들은 독일과 프랑스같이 군사력과 경제력이 강한 나라 사이에서 살아남기 위해 서로 뭉친 것이지요. 유럽의 다른 나라들도 이들처럼 힘을 합치는 것이 나쁘지 않다고 생각했나 봐요. 이 세 나라에 다른 유럽 국가들이 합쳐져 유럽 연합으로 발전했답니다.

'베네룩스 삼국'은 국민 소득이 세계에서 높은 나라 가운데 하나예요. 세 나라는 철강 공업이 발달해 돈을 많이 벌었어요. 그중 벨기에는 부자에게 부과하는 세금이 다른 나라에 비해 적어서 세계의 부자들이 모여들어요. 사용하는 언어도 네덜란드어, 프랑스어를 함께 써요. 수도인 브뤼셀에는 유럽 연합과 북대서양 조약 기구◉의 본부가 있어요.

네덜란드는 국토 대부분이 해수면보다 낮아서 어려움을 겪었어요. 하지만 지금은 간척◉ 사업을 열심히 하여, 유럽에서도 손꼽히는 잘사는 나라가 되었지요. 네덜란드는 풍차와 치즈, 튤립의 나라로도 유명해요. 또한 세계에서 처음으로 주식이 생겨날 정도로 금융 강국이랍니다.

'작은 성'이라는 뜻인 룩셈부르크는 야트막한 산과 울창한 삼림으로 이

북대서양 조약 기구

제2차 세계 대전 이후 동부 유럽에 군대를 주둔한 소련(현재 러시아)을 견제하기 위하여 만든 국제기구예요. 1949년에 미국, 영국, 프랑스, 캐나다 등이 회원국으로 참여하여 생겨났어요.

간척

육지와 닿은 바다나 호수의 일부를 둑으로 막고, 그 안의 물을 빼내어 육지로 만드는 일이에요.

루어진 아주 작은 나라예요. 그러나 경제 하나만은 최고 수준이어서 첨단 기술, 무역업, 은행업이 골고루 발달했어요. 특히 첨단 기술은 가까운 독일의 영향을 받아 아주 발달했답니다.

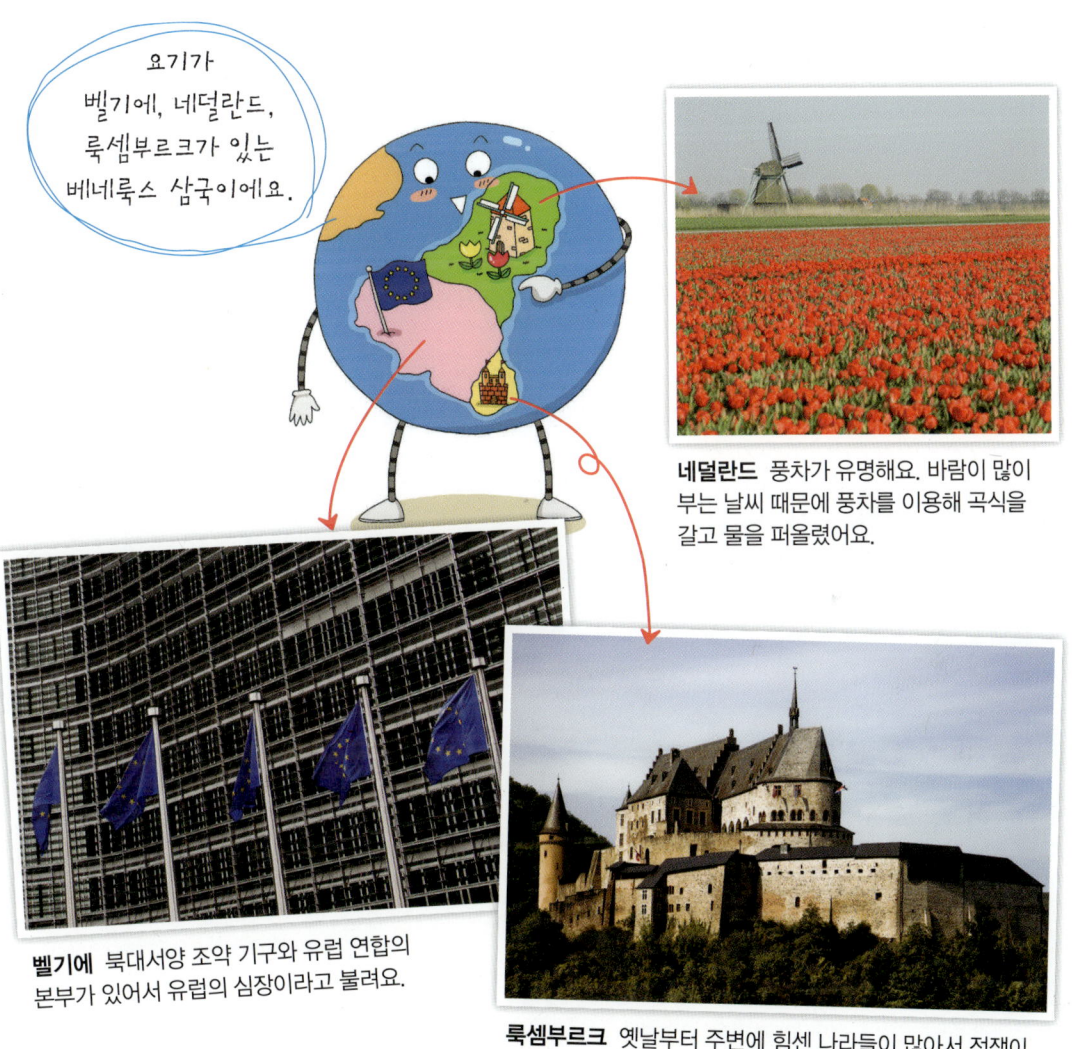

요기가 벨기에, 네덜란드, 룩셈부르크가 있는 베네룩스 삼국이에요.

네덜란드 풍차가 유명해요. 바람이 많이 부는 날씨 때문에 풍차를 이용해 곡식을 갈고 물을 퍼올렸어요.

벨기에 북대서양 조약 기구와 유럽 연합의 본부가 있어서 유럽의 심장이라고 불려요.

룩셈부르크 옛날부터 주변에 힘센 나라들이 많아서 전쟁이 많았어요. 이 때문에 성벽이 많아요.

예술과 포도주의 나라, 프랑스

프랑스는 서부 유럽에서 국토가 가장 넓은 나라예요. 날씨가 매우 좋아 대부분의 지방에 일 년 내내 햇볕이 쏟아져요. 프랑스에서 좋은 포도주가 많이 생산되는 것도 이러한 날씨 덕분이에요. 또 밀과 채소를 비롯한 농작물이 잘돼 수출도 하지요.

프랑스를 대표하는 도시는 수도 파리예요. 파리는 해마다 천만 명 이상의 관광객이 방문하는 세계적인 관광 도시예요. 루브르 박물관에는 세계 곳곳에서 모은 위대한 예술품이 가득하고, 오르세 미술관에 가면 프랑스를 대표하는 인상파 화가의 그림들을 볼 수 있어요. 또 샹젤리제 거리에는 패션과 유행을 이끄는 상점이 늘어섰지요. 에펠 탑과 개선문도 파리를 대표하는 명물 가운데 하나예요. 파리 근교에 있는 베르사유 궁전은 프랑스의 전성기의 화려한 모습을 보여 주어요. 또 프랑스의 휴양 도시 칸은 국제 영화제가 열리는 곳으로 널리 알려져 있어요.

프랑스를 대표하는 산업은 패션이에요. 파리에서 패션쇼가 열리면 전 세계 의상 디자이너와 패션 사업가들의 눈이 이곳으로 쏠려요. 이곳에서 선보인 패션은 전 세계로 퍼져 유행이 되지요.

에펠 탑 1889년에 프랑스 혁명 100주년을 기념하여 만들었어요. 높이가 300m로 프랑스를 대표하는 상징물이에요.

음식도 프랑스에서 빼놓을 수 없어요. 프랑스 음식은 맛과 향, 모양이 좋기로 유명해요. 특히 구운 닭고기에 프랑스 포도주를 넣은 꼬꼬뱅의 맛이 일품이에요.

프랑스는 1789년에 일어난 프랑스 혁명으로 큰 변화를 겪었어요. 프랑스 혁명은 전 유럽에 영향을 끼치며 민주주의 발전에 도움을 주었어요. 프랑스도 다른 유럽 나라와 마찬가지로 두 차례의 세계 대전을 거쳤지만, 지금까지 국제 사회에 영향력을 미치는 주요한 나라랍니다.

프랑스에서는 왜 포도주가 많이 생산돼요?

날씨랑 관계있지. 포도를 많이 재배해서 일찍부터 포도주를 만들어 왔어.

와~

베르사유 궁전

프랑스 왕 루이 14세가 지은 궁전이에요. 루이 14세는 화려하게 장식된 궁전에서 무도회와 음악회를 즐겼어요. 특히 '거울의 방'이 유명해요. 또 궁전의 정원은 주위 경관과 조화를 이루어 프랑스식 정원의 걸작이라고 평가받고 있어요.

라인 강의 기적을 이룬 나라, 독일

독일은 울창하게 잘 가꾸어진 삼림이 자랑거리예요. 독일의 자연 하면 '검은 숲'을 떠올릴 정도로, 숲은 독일 전체 넓이의 약 25%를 차지해요.

원래 여러 나라로 나뉘었던 독일은 1871년에 독일 제국으로 통일되었어요. 통일된 독일은 다른 나라를 침략하곤 했는데, 그 대표적인 예가 제 1·2차 세계 대전이에요. 특히 제2차 세계 대전 때에는 독재자 히틀러가 국내의 여러 가지 문제 때문에 생긴 불만을 독일에 사는 유대인들에게 돌렸어요. 홀로코스트라고 불리는 유대인 학살은 이 때문에 벌어졌답니다. 전쟁에서 진 독일은 동독과 서독, 두 개의 나라로 갈라졌다가 1990년에 다시 통일되었어요.

제2차 세계 대전이 끝난 뒤 독일은 황폐해졌어요. 하지만 독일은 전쟁의 잿더미 위에서 공업을 발전시켰어요. 루르 지역의 제철소에서 생산한 강철을 바탕으로 자동차와 선박을 만들었어요. 자동차와 기계, 선박은 라인 강 물길을 이용하여 유럽 전역으로 팔려 나갔어요. 이 때문에 독일의 경제 발전은 주로 라인 강가에 있는 도시에서 이루어졌어요. 그래서 독일의 경제 발전을 '라인 강의 기적'이라고 한답니다. 라인 강의 기적은 주로 중공업 덕분이었어요. 최근에는 기존의 자동차 산업과 함께 전기·전자 산업도 발전하고 있어요.

오늘날 독일은 유럽에서 손꼽히는 경제 대국이에요. 독일의 경제가 흔

들리면 유럽 경제가 주저앉을 만큼 유럽 경제를 떠받들고 있어요. 그래서 유럽 연합에서 발언권이 무척 강해요. 하지만 독일이 겪는 어려움도 있어요. 특히 옛 동독과 서독 지역은 아직까지도 경제 수준의 차이가 많아서 갈등이 숨어 있어요. 또한 튀르키예나 아시아 사람에 대한 인종 차별 문제도 여전히 남아 있어요. 이 밖에도 유럽 연합에서 가장 잘사는 독일은 요즘 어려움에 빠진 유럽의 경제를 살리기 위해 앞장서라는 주변 국가의 요구로 경제적인 부담을 갖고 있답니다.

자동차
독일의 차는 전 세계 사람들이 좋아해요. 폭스바겐, 벤츠, 베엠베는 독일의 명차예요.

검은 숲

히틀러

맥주 독일 사람들은 맥주를 즐겨 마셔요. 지방마다 독특한 맛을 자랑해요.

라인 강 독일에서 생산한 물건은 아주 튼튼하기로 유명해요. 독일은 라인 강을 이용해 독일 제품을 유럽의 여러 나라로 수출해요.

아름다운
알프스 산맥과 스위스

알프스 산맥은 유럽에서 가장 큰 산맥이에요. 스위스, 프랑스, 이탈리아, 오스트리아에 걸친 알프스 산맥은 피레네 산맥과 함께 유럽을 중부와 남부로 나누지요. 알프스 산맥에서 가장 높은 산은 높이 4,808m인 몽블랑 산이에요. 다른 대륙의 최고봉에 비하면 그다지 높은 편은 아니지만, 몽블랑 산 정상 계곡에는 아름다운 빙하가 발달해서 관광객이 많이 찾아온답니다. 이곳은 전 세계인의 인기를 끌었던 영화 〈사운드 오브 뮤직〉의 배경으로도 유명하지요.

옛날에는 알프스 산맥이 유럽의 여러 나라 사이에 놓인 거대한 장벽으로 여겨졌어요. 하지만 지금은 계곡의 급류를 이용해 수력 발전을 하는가 하면, 산 곳곳에 양을 풀어 놓아 키우기도 해요. 또한 산 정상 가까이에 스키장을 만들어 많은 사람이 겨울 스포츠를 즐길 수 있게 했지요.

알프스 산맥을 말하면서 스위스를 빼놓을 수는 없어요. 스위스 국토의 절반 이상을 알프스 산맥이 차지하거든요. 스위스는 프랑스, 독일, 이탈리아 같은 강대국 사이에 있어서 예로부터 침략을 많이 받았어요. 이 때문에 스위스는 다른 나라의 전쟁에 참여하지 않는 '영세 중립국'을 선포함으로써 나라를 지켰어요.

스위스는 경치가 아름답고 깨끗한 알프스 산맥 덕분에 관광 산업이 발달했어요. 스위스의 산업은 품질 높은 상품을 생산하는 데 중점을 두어

베른

요. 작은 공장에서 손기술이 뛰어난 직원들이 품질만큼은 어느 나라에도 뒤지지 않는 물건을 만들지요. 스위스의 시계는 이러한 산업 특성을 잘 알려 주지요.

은행이 많은 것도 스위스의 특징이에요. 스위스 은행은 고객과 돈에 대한 비밀을 철저하게 지키며 관리하는 것으로 유명해요.

아름다운 알프스 산자락에서 양 떼를 몰고 자유롭게 살면 얼마나 좋을까?

알프스에서 '야호!' 하고 소리치면 정말 가슴이 시원할 것 같아.

알프스 산맥 알프스 산맥이 있는 스위스와 오스트리아에는 일 년 내내 전 세계 관광객이 휴양과 겨울 스포츠를 즐기러 와요.

대항해 시대를 연 농업 국가, 포르투갈

포르투갈은 남부 유럽에 있는 이베리아 반도의 서쪽에 있어요. 포르투갈 사람은 유럽의 다른 사람에 비해 키가 약간 작고 피부는 검은 편이에요. 성격도 에스파냐 사람처럼 무척이나 느긋한 편이어서 점심을 몇 시간 동안에 걸쳐 먹는 문화가 있지요.

옛날 포르투갈은 대서양을 주름잡던 해양 국가였어요. 유럽의 서쪽 끝에 자리한 까닭에 배를 타고 해외로 나가려는 사람들이 포르투갈에 많이 모여들었거든요.

포르투갈이 한때 에스파냐와 함께 대항해 시대를 이끌었던 것은 그러한 지리적 여건 때문이었지요. 하지만 지금은 해양 관련 산업이 그다지 발달한 편은 아니에요. 오늘날 포르투갈에서 발달한 산업은 농업이에요.

포르투갈의 포도밭 여름에는 뜨겁고 강한 햇볕이 쏟아져 포도가 잘 익고 맛이 달아요.

일반 포도주보다 맛이 훨씬 독한 포트 와인과 옥수수, 밀 같은 작물이 이 나라의 주요 농산물이에요. 특히 남부 지역에서는 포도주 병의 마개로 쓰이는 코르크 나무를 많이 재배해요.

포르투갈의 수도 리스본은 역사가 깊은 도시예요. 대항해 시대에는 유럽 상공업의 중심 도시였으며, 오늘날에도 많은 관광객이 찾는 곳이에요. 관광 산업은 포도주 산업과 함께 포르투갈 경제의 주춧돌이 되고 있어요.

포르투갈의 문화 수준은 꽤 높은 편이에요. 1998년에는 소설가인 주제 사라마구가 노벨 문학상을 받았고, 포르투갈 전통 노래인 '파두'는 세계적으로 널리 알려져 있어요.

포르투갈 사람들은 점심 먹을 때도 몇 시간씩 먹어.

대항해 시대란?

에스파냐와 포르투갈은 농업과 관광 산업을 위주로 하는 나라예요. 유럽에서는 그다지 잘 사는 나라가 아니지요. 하지만 두 나라는 15~16세기만 해도 세계 최대의 강대국이었어요. 이 당시에 에스파냐와 포르투갈은 세계 곳곳을 항해하며 새로운 항로를 개척했어요. 유럽에서 새로운 항로와 대륙을 개발하던 시기를 대항해 시대라고 해요.

대항해 시대는 15세기 초 포르투갈의 왕자 엔히크가 아프리카의 항로를 개척하면서 시작되었어요. 엔히크는 포르투갈에 해양 학교를 세우고 전문적인 탐험가와 선원들을 배출했어요. 엔히크의 후원 덕에 포르투갈은 유럽에서 가장 먼저 바다를 개척하고 막대한 부를 이룰 수 있었답니다.

아프리카 항로를 개척한 엔히크

다양한 문화가 숨 쉬는 에스파냐

에스파냐는 남부 유럽에 있는 이베리아 반도의 5분의 4 이상을 차지해요. 이베리아 반도는 거대한 고원으로 아프리카와 지브롤터 해협을 사이에 두고 마주보고 있어요. 아프리카와 이베리아 반도 사이에 가장 좁은 곳의 폭은 13㎞밖에 되지 않아요. 이 지역은 사계절 내내 따뜻한 곳이어서 농작물이 잘 자라고, 아름다운 바닷가가 많아요.

에스파냐는 영어로 스페인(Spain)이라고 해요. 에스파냐는 16세기에서 19세기 사이에는 영국과 버금가는 번영을 누렸어요. 에스파냐는 지리적으로 아프리카와 가깝고 한때 이슬람 세력의 지배를 받았던 까닭에 유럽, 아프리카, 이슬람 문화가 골고루 섞여 있어요. 그래서 서부 유럽과는 다른 에스파냐만의 독특한 문화가 발달할 수 있었어요.

에스파냐는 축제도 독특해요. 지방마다 개성넘치고 재미난 축제가 넘쳐나요. 축제 중에 산 페르민 축제와 토마토 축제가 제일 유명한데, 두 축제가 열릴 때면 전 세계 관광객들이 몰려와요. 그 덕분에 에스파냐를 찾는 관광객이 한 해에 천만 명이 넘는다고 해요.

에스파냐 하면 가장 먼저 떠오르는 것은 바로 투우일 거예요. 투우는 사람이 소와 싸우는 경기예요. 원래 귀족의 놀이였는데 18세기부터 평민들도 즐기게 되었답니다.

에스파냐의 도시는 대부분 바닷가에 자리 잡고 있어요. 내륙은 대부분 높은 고원으로 이루어져 있고, 여름에는 아주 무더워서 도시가 많지 않아요. 수도 마드리드는 높이 600m가 넘는 내륙 고원에 있으며 상업과 공업이 발달했어요. 제2의 도시인 바르셀로나는 에스파냐 최대의 항구예요. 바르셀로나에는 오래된 건축물이 많은데, 특히 세계적인 건축가 가우디의 작품인 '사그라다 파밀리아'가 아주 유명해요. '성 가족 성당'이라는 뜻의 이 성당은 1882년부터 짓기 시작해 아직까지 미완성이에요.

사그라다 파밀리아 유네스코 세계 문화유산으로 지정되어 있어요.

에스파냐의 투우는 아주 유명하단다.

전, 소를 괴롭히는 것 같아서 싫어요.

투우 투우사는 붉은 천을 들고 황소와 결투를 벌여요.

고대 로마 제국의 터전, 이탈리아

이탈리아는 지중해를 향해 땅이 불쑥 튀어나온 반도 국가예요. 꼭 긴 장화처럼 생겼어요. 이탈리아는 날씨가 좋고 평평한 땅이 많아요. 그래서 밀, 포도, 올리브 같은 농작물도 쑥쑥 자라지요.

고대 로마 제국은 이처럼 살기에 좋은 이탈리아의 로마에 터를 잡고 영토를 넓혀갔어요. 고대 로마 제국은 유럽에서 가장 강한 나라였어요. 전성기 때는 지금의 프랑스, 영국, 튀르키예 땅은 물론이고, 지중해 건너편에 있는 북부 아프리카까지 정복했어요.

고대 로마 제국은 정치 · 문화 · 철학 · 문학 · 종교 등 거의 모든 방면이 유럽의 표준이 될 만큼 발달했어요. 이를 테면 고대 로마 제국의 국가 종교인 크리스트교는 유럽에 널리 퍼졌어요. 그 당시 사람들은 로마의 언어였던 라틴어를 모르면 책을 읽을 수 없었지요.

14~16세기의 이탈리아에는 르네상스 문화가 꽃피었어요. 르네상스 문화는 고대 로마 제국의 문화유산을 이어받아 한층 더 세련되게 발전시켰어요. 이 당시 사람들은 자유로운 것을 좋아하는 데다 경제적으로도 넉넉했기 때문에 사상과 철학은 물론 음악과 예술이 빛을 발했어요. 레오나르도 다빈치와 미켈란젤로의 그림과 조각, 단테와 보카치오의 문학 작품은 서양 예술과 문화에 큰 영향을 끼쳤답니다.

이탈리아에는 역사를 자랑하는 도시가 많아요. 로마는 고대 로마 제국이 시작된 곳이에요. 고대 도시 폼페이는 화산이 삼켜 버린 도시예요. 폼페이에 가면 당시 로마 시대 사람들이 어떻게 살았는지 생생하게 살펴볼 수 있어요. 또 물의 도시로 불리는 베네치아는 중세 시대에 '지중해의 여왕'으로 불릴 만큼 무역이 활발했어요.

고대 서양 문명의 발상지, 그리스

　반도 국가인 그리스는 남서쪽의 이오니아 해, 남쪽의 지중해, 동쪽의 에게 해로 둘러싸여 있어요. 지중해에는 그리스에서 가장 큰 크레타 섬이 있지요. 그리스 하면 가장 먼저 무엇이 떠오르나요? 아마 고대 그리스 문명 아닐까요?

　기원전 2000년쯤 그리스에서 서양 문명이 시작됐어요. 오늘날의 서양이 문명의 발달을 이룰 수 있었던 것은 바로 고대 그리스 문명 때문이랍니다. 고대 그리스 문명의 흔적은 수도 아테네에 많아요. 아테네의 아크로폴리스에는 파르테논 신전이 있어요. 그 밖에도 디오니소스 극장, 제우스 신전 등 수많은 고대 그리스 유적이 남아 있어요.

　그리스 문명은 특히 철학과 문학에서 빛났어요. 소크라테스, 플라톤, 아리스토텔레스는 서양 철학의 기초를 세웠고, 소포클레스와 에우리피데스는 훌륭한 희곡을 남겨서 서양의 문학가에게 영향을 주었답니다.

　고대 그리스 문명이 우리에게 남긴 가장 값진 선물은 민주주의와 올림픽이에요. 아테네는 이미 2500여 년 전에 시민들이 직접 지도자를 뽑는 민주 정치를 펼쳤어요. 이러한 그리스의 민주 정치는 오늘날 민주주의 제도의 초석이 되었답니다. 원래 신에게 바치는 종교 행사였던 고

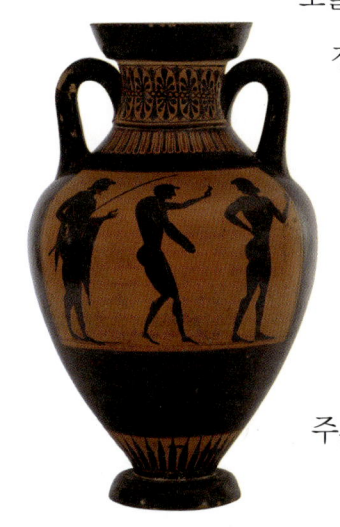

고대 올림픽의 한 장면 고대 그리스는 올림픽 경기를 통해 서로 결속을 다졌어요.

대 올림픽은 점차 운동 경기로 발전했고요.

오늘날 그리스는 옛 명성에 비하면 그다지 잘 사는 나라가 아니에요. 그리스는 수백 개의 섬으로 이루어진 데다가 섬의 면적이 국토의 약 20%를 차지할 만큼 많아요. 게다가 국토의 대부분이 산이고, 바위가 많아 농사를 지을 땅이 별로 없어요. 이처럼 지형이 열악한 그리스에서 가장 내세우는 산업은 관광 산업이에요. 해마다 800만 명이 넘는 관광객이 고대 그리스 유적을 보러 아테네와 로도스 섬 등을 방문한답니다. 오늘날까지도 그리스는 조상의 덕을 보는 셈이지요.

아테네의 아크로폴리스 고대 그리스 도시 국가의 종교 중심지예요. 아테나 여신을 기리던 파르테논 신전이 있어요.

세계에서 가장 넓은 나라, 러시아

러시아는 세계에서 가장 넓은 나라예요. 러시아의 영토는 북쪽의 북극 해에서 남쪽의 흑해까지, 서쪽의 발트 해에서 동쪽의 태평양까지 뻗어 유럽과 아시아의 상당 부분을 차지해요. 지리적으로 아시아와 유럽에 걸쳐 있기 때문에 유럽 문화와 아시아 문화가 혼합되어 독특하게 발전했어요. 우랄 산맥의 서쪽에 있는 곳은 유럽의 문화가 더 강하고, 우랄 산맥의 동쪽은 아시아 문화가 좀 더 잘 나타나요.

러시아는 땅이 넓은 만큼 다양한 민족이 살아요. 러시아 인을 비롯해 아르메니아인, 유대인, 카자흐인, 우크라이나인 등 100여 개가 넘는 민족이 함께 살고 있어요. 러시아는 세계적인 곡물 생산 국가이기도 해요. 대평원이 자리해 밀을 비롯한 곡물이 많이 자라니까요.

춥고 혹독한 자연환경

러시아는 겨울은 길고 추운데, 여름은 굉장히 짧아요. 시베리아의 베르호얀스크는 겨울에 영하 67.8℃를 기록할 정도로 세계에서 가장 추운 도시이지요. 겨울이 되면 러시아의 강과 호수는 꽁꽁 얼어요. 그래서 러시아에서 썰매는 지금도 사람을 태우고 물자를 실어 나르는 운송 수단이에요. 러시아의 남부 지역은 그래도 따뜻한 편이에요. 땅이 기름져 농사도 지을 수 있으며, 흑해 유역에는 해수욕장까지 있답니다.

사회주의 국가의 시작

러시아는 수백 년 동안 황제가 다스렸어요. 19세기까지 아시아와 유럽을 아우르는 대제국을 이루었지요. 이때의 중심 도시는 모스크바와 상트페테르부르크였어요. 이 두 도시는 유럽의 문화를 고스란히 간직하고 있답니다. 모스크바의 붉은 광장에는 크레믈(크렘린)이 있는데, 크레믈은 원래 러시아 황제가 살던 궁전이에요. 지금은 정부 기관이 사용해요. 발트 해 연안에 있는 항구 도시 상트페테르부르크는 러시아 제2의 도시예요. 상트페테르부르크는 한때 지도자였던 레닌의 이름을 붙여 레닌그라드라고도 했어요. 예술 학교, 미술관, 박물관 등이 많아 러시아의 문화 중심지이기도 하지요.

1917년에 러시아에서는 볼셰비키 혁명이 일어났어요. 그리고 레닌◉이 황제를 쫓아내고 사회주의 정부를 세웠어요. 1922년에 소비에트 사회주

레닌

러시아의 혁명가예요. 러시아 공산당을 만들고 혁명을 이끌어, 세계 최초로 소비에트 사회주의 공화국 연방(소련)이라는 사회주의 국가를 세웠어요.

의 공화국 연방(소련)을 만들었지요. 1991년에 소련이 해체되면서 연방 국가들은 하나둘 독립했어요. 1991년에 소련이 무너진 뒤 러시아는 이 나라들과 합쳐서 독립 국가 연합을 구성했어요.

오늘날 러시아는 주변 나라와 교류를 활발히하고 있어요. 러시아 주변에 있는 우크라이나, 벨라루스, 카자흐스탄, 우즈베키스탄 등 12개의 나라는 지금도 러시아와 천연자원 및 물자는 물론 인적 자원까지 활발하게 교류하고 있답니다.

풍부한 천연자원과 산업

러시아에서 가장 발달한 산업은 우주 산업이에요. 옛날 미국과 러시아는 우주에 먼저 나가려고 경쟁을 했어요. 그리고 1961년에 러시아의 가가린이 인류 최초로 우주 비행에 성공했지요. 가가린은 우주선에서 지구를 보며 "지구는 푸르다."라는 유명한 말을 남겼어요.

러시아의 우주선 러시아는 미국과 함께 우주 산업 강국이에요.

러시아는 지금 경제적으로 부유하지 않지만 천연가스와 석유 같은 천연자원이 풍부해요. 서남아시아의 사우디아라비아 다음으로 석유 생산량이 많아요. 러시아는 이러한 천연자원을 바탕으로 다양한 공업이 발달해서 앞으로 발전 가능성이 높은 나라예요. 러시아의 공업을 이끄는 도시에는 마그니토고르스크와 노보쿠즈네츠크가 있어요. 러시아의 철강 공업의 중심지인 마그니토고르스크는 약 95년 전에 철광석이 발견되면서 성장했어요. 노보쿠즈네츠크는 시베리아의 석탄 광산에서 발전한 도시로 석탄, 철강 재료를 생산해요.

러시아에서 가장 성장이 기대되는 곳은 시
베리아에요. 이곳에는 시베리아 횡단 철도가
지나가요. 시베리아 횡단 철도는 모스크바에
서 블라디보스토크까지 이어져 길이가 9,288
㎞나 돼요. 러시아는 시베리아에 있는 목재와
석탄, 석유를 개발하기 위해서 이 철도를 놓았
어요. 오늘날 전 세계적으로 자원이 고갈되고

시베리아 횡단 철도 세계에서 가장 긴 철도예요.
러시아 곳곳으로 시베리아의 목재, 석탄, 석유를
실어 나르는 데 큰 역할을 하고 있어요.

있는 가운데 러시아는 시베리아에서 많은 천연자원을 개발해 자원 부국
으로 자리매김하고 있어요.

발전이 기대되는 시베리아

지리
백과

시베리아는 아시아 대륙의 4분의 1을 차지할
정도로 넓은 지역이에요. 사람들이 사는 지역
으로는 세계에서 가장 추운 곳이기도 하지요.
시베리아에는 '타이가'라는 거대한 침엽수림
지역이 있어 펄프와 목재 등의 삼림 자원이 풍
부해요. 게다가 최근에는 이 지역에 엄청난 지
하자원이 묻혀 있다는 게 밝혀지면서 앞으로
큰 발전이 기대되는 곳이에요.

시베리아의 침엽수림

빠르게 성장하는 동부 유럽

동부 유럽은 유럽의 동부 지역을 말해요. 동부 유럽에는 제2차 세계 대전이 끝난 뒤 구소련에게 침공을 당해 개인의 재산을 국가가 엄격하게 통제하는 사회주의 국가가 된 나라가 많아요. 폴란드, 체코슬로바키아, 헝가리, 루마니아, 불가리아, 유고슬라비아, 알바니아가 해당되지요. 이들 나라는 구소련의 힘이 약해진 1989년부터 개인의 자유와 권리를 보장하는 민주주의 정부를 세우고 시장 경제 원리를 도입했답니다. 일부 나라는 사회주의 정권이 물러나면서 민족에 따라 다시 작은 나라로 쪼개지기도 했어요. 체코슬로바키아는 체코와 슬로바키아로 나뉘었고, 유고슬라비아 연방 공화국은 슬로베니아, 세르비아, 몬테네그로, 크로아티아, 마케도니아, 보스니아-헤르체고비나로 쪼개졌어요. 민족 중심으로 나라가 분리되고 독립하는 과정에서 크고 작은 전쟁이 일어났고, 수많은 사람들이 목숨을 잃기도 했어요.

동부 유럽의 나라들은 사회주의 국가 시절에 경제가 발전하지 못했다는 공통점이 있어요. 하지만 오늘날에는 개인의 재산을 자유롭게 인정하고, 다른 나라의 우수한 기업을 유치하면서 유럽에서 가장 빠르게 경제가 발전하고 있어요.

동부 유럽 사회주의 정권이 물러나면서 민족 중심으로 나라들이 작게 쪼개졌어요.

동부 유럽의 전통 국가, 체코

1993년에 체코슬로바키아에서 독립한 체코는 국토의 대부분이 산지예요. 숲과 평원이 무척이나 아름다운 나라예요. 북쪽 보헤미아 산지는 스키장과 온천이 유명하고, 남쪽 모라비아 지방에서는 땅이 기름져 농사를 짓고 가축을 길러요.

체코에서 가장 유명한 도시는 프라하예요. 프라하에는 중세 시대부터 전해 온 오래된 성과 다리가 많고, 역사의 흔적이 골목마다 남아 있어 동부 유럽에서 손꼽히는 관광지예요. 체코 사람들이 자랑하는 것은 문화예요. 프라하에는 1348년에 세워진 오래된 대학교가 있고, '로봇'이란 말도 체코의 극작가 차페크가 만들었어요. 무엇보다 체코의 이름을 세계에 널리 알린 작가는 카프카예요. 카프카의 여러 소설은 세계 문학에 큰 영향을 주었어요.

프라하
체코의 수도예요. 블타바 강 기슭에 자리 잡고 있으며, 중세 성당이 많아 '뾰족한 탑 100개가 있는 도시'라는 별명이 있어요.

외침에 시달렸던 폴란드

피아노의 시인 쇼팽과 과학자 퀴리 부인의 조국인 폴란드는 다른 나라의 침략을 유달리 많이 받았어요. 폴란드는 1795년에 프로이센, 러시아, 오스트리아에 점령되어 나라가 나뉘었다가 1918년에 독립했어요. 그러나 제2차 세계 대전이 시작되면서 다시 독일의 침략을 받았어요. 당시 독일군이 학살한 폴란드 국민은 무려 600만 명인데, 그중 300만 명이 유대인이었어요. 이들의 대부분은 아우슈비츠 수용소에서 독가스를 마시고 소중한 목숨을 잃었어요. 독일이 제2차 세계 대전에서 패배하자 독립하는가 싶었던 폴란드는 다시 구소련의 압력을 받아 사회주의 국가가 되는 혼란을 겪었지요.

폴란드 국토의 대부분은 평야로, 대표적인 산업은 목축업과 농업이에요. 그러나 풍부한 석탄과 철을 바탕으로 공업도 발달했어요. 특히 유럽에서는 배를 만드는 조선업이 발달한 나라랍니다.

마자르 족이 사는 헝가리

헝가리는 유럽의 곡물 창고라고 할 만큼 땅이 기름지고, 곡식이 많이 나요. 유럽 내륙에 있는 비옥한 땅이라 옛날부터 여러 민족의 침입을 많이 받았어요. 켈트 족과 로마가 이곳을 차지했고, 그뒤에 아시아 사람들과 뿌리가 같은 마자르 족이 들어와 자리를 잡았어요. 1241년에는 몽고 제국이 쳐들어와 당시 인구의 절반이 죽었고, 그뒤로도 수백 년 동안 헝가리는 여러 강대국에게 짓밟혔어요.

오늘날의 헝가리 민족은 마자르 족이에요. 헝가리 사람이 다른 유럽 사람보다 동양인의 모습을 더 닮은 것도 이 때문이에요. 갓 태어난 헝가리의 아기에게 있는 몽고 반점이 이것을 증명해 주지요.

　오늘날 헝가리는 제조업을 비롯한 기계·화학 산업이 발전해 농업보다 더 많은 소득을 올린답니다. 헝가리는 유럽에서 손꼽히는 온천의 나라이기도 해요. 국토의 3분의 2가 온천으로 개발할 수 있는 땅이라니 정말 대단하지요? 헝가리 사람은 음악에 대한 관심이 아주 커요. 그래서인지 유명한 음악가도 많아요. 리스트, 버르토크 같은 작곡가를 비롯해 오르먼디 같은 대지휘자도 헝가리 출신이랍니다.

보스니아 내전

지구촌 뉴스

발칸 반도에 있는 슬로베니아, 세르비아, 몬테네그로, 크로아티아, 마케도니아, 보스니아-헤르체고비나는 원래 유고슬라비아 연방 공화국이었어요. 이들 나라는 연방 공화국으로 같은 나라였을 때는 사이가 좋았습니다. 하지만 동부 유럽에서 사회주의 정권이 무너지면서 유고슬라비아에 있던 6개 공화국은 서로 독립했고, 이때부터 싸움이 시작되었어요. 싸움에 불을 붙인 사람은 세르비아의 대통령 밀로셰비치입니다. 밀로셰비치는 세르비아 사람이 최고라고 사람들을 부추겼어요. 세르비아 사람들은 이때부터 '인종 청소'라는 말을 하며 다른 민족과 전쟁을 벌였습니다. 이렇게 1992년에 시작된 보스니아 내전은 30만 명의 희생자를 내고 1999년이 되어서야 끝났어요.

집을 잃고 떠도는 보스니아 난민

유럽에서는 내가 최고!

유럽은 두 번째로 작은 대륙이에요.
북극해에서 지중해까지 걸쳐 있는 유럽에는
사막만 빼고 다채로운 지형이 나타나요.
아시아 대륙과 붙어 있는 유럽 대륙에서
무엇이 최고인지 알아보아요.

가장 큰 섬

세계
최고!

그린란드(넓이 약 217만 56006㎢)

가장 큰 도시

런던(넓이 1,570㎢)

가장 높은 곳

몽블랑 산(높이 4,808m)

그린란드
(덴마크령)

스웨덴

영국
네덜란드
라인 강
센 강

프랑스
알프스 산맥
다뉴브 강

바티칸

가장 낮은 곳

로테르담 북쪽(해수면 아래로 6.7m)

가장 큰 호수

베네른 호(넓이 5,585㎢)

가장 큰 나라

러시아
(넓이 1709만 8000㎢)

세계
최고!

볼가 강

캅카스 산맥

가장 긴 강

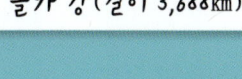

볼가 강(길이 3,688km)

가장 작은 나라

바티칸(넓이 0.44㎢)

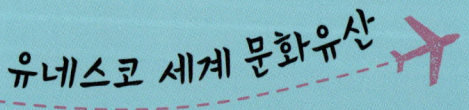

유럽 문화 들여다보기

유럽은 고대 그리스·로마 문명을 바탕으로 학문과 철학, 예술을 발전시켰고, 크리스트교가 생활 깊숙이 뿌리내려 있어요. 유럽의 문화를 가까이 느껴 보세요.

유네스코 세계 문화유산 ✈

독일의 쾰른 대성당
독일에 있는 쾰른 대성당은 1248년부터 600년 동안 지었어요. 고딕 건축 양식의 걸작으로 알려져 있어요.

그리스의 파르테논 신전
기원전 479년에 고대 그리스의 아테네 사람이 여신 아테나에게 바친 신전이에요.

나라마다 독특한 음식 문화

파에야
에스파냐 사람들은 쌀에 노란 샤프란, 닭고기, 채소, 해산물을 넣어 만들어요. 각 지방마다 독특한 파에야가 있어요.

꼬꼬뱅
꼬꼬뱅은 프랑스의 전통 요리로 '포도주 안의 수탉'이라는 뜻이에요. 닭을 구운 다음에 와인을 넣어 볶으면 맛있는 꼬꼬뱅이 돼요.

파스타
이탈리아의 고유 음식인 파스타는 지방마다 특색 있는 식재료를 넣어서 만들기 때문에 맛과 풍미가 다 달라요.

음악과 축제

오페라
1600년 이탈리아 피렌체의 베키오 궁전에서 처음 시작되었어요. 연극과 노래가 합쳐진 장르로 오페라가 처음 등장했을 때에는 귀족이나 부자들만 볼 수 있었어요. 오페라는 이제 전 세계로 널리 퍼졌답니다.

산 페르민 축제
매년 7월 6일이 되면 에스파냐의 팜플로나 골목은 황소와 남자들의 경주가 벌어져요. 황소는 투우장까지 남자들의 뒤를 쫓아요. 남자들이 달리다가 황소 뿔에 다칠 수 있어 아주 아슬아슬한 경주예요.

4

아프리카 이야기

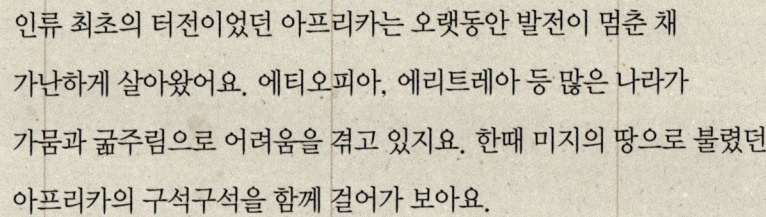

인류 최초의 터전이었던 아프리카는 오랫동안 발전이 멈춘 채
가난하게 살아왔어요. 에티오피아, 에리트레아 등 많은 나라가
가뭄과 굶주림으로 어려움을 겪고 있지요. 한때 미지의 땅으로 불렸던
아프리카의 구석구석을 함께 걸어가 보아요.

모로코

북부 아프리카

알제리   리비아

서사하라   이집트

말리

모리타니

나일 강

세네갈   아   나이저 강   니제르   차드   수단   에리트레아

기니   사하라 사막

시에라리온   가나   나이지리아   남수단   에티오피아   소말리아

중앙아프리카 공화국

카메룬

중부 아프리카

가봉   콩고   콩고 민주 공화국   우간다   케냐

적도 0°   콩고 강

탄자니아

앙골라

잠비아   모잠비크

짐바브웨

마다가스카르

나미비아   림포푸 강

보츠와나

남부 아프리카

남아프리카 공화국

드리켄즈버그 산맥

최초의 인류가 탄생한 아프리카 대륙

아프리카는 아주 먼 옛날 인류의 조상이 처음 탄생해 두 발로 서서 걸었던 곳이에요. 우리는 그들을 '남쪽에 사는 유인원'이라는 뜻에서 '오스트랄로피테쿠스'라고 불러요. 오스트랄로피테쿠스가 사냥을 했던 아프리카는 아주 커다란 땅덩어리예요. 아시아에 이어 세계에서 두 번째로 큰 대륙이거든요. 넓은 대륙인 만큼 50개가 넘는 나라가 있고, 인구도 아시아 다음으로 많답니다. 역사가 오래된 아프리카는 고대부터 작은 왕국이 발달했어요. 이들 왕국은 수준 높은 문명과 문화를 일구었답니다.

고대 왕국의 청동상 머리가 세밀하게 표현된 나이지리아 왕국의 청동상이에요. 아프리카 부족들은 기원전 500년부터 문명을 일구고 왕국을 세웠어요.

덥고 메마른 아프리카

아프리카는 하나의 거대한 고원이에요. 해안의 좁은 평야를 빼고는 아프리카의 대부분 지역이 해발 고도가 600m가 넘는 넓은 고원이랍니다.

아프리카는 사하라 사막 위쪽과 아래쪽의 자연환경이 전혀 달라요. 사하라 사막 위쪽인 북아프리카에는 이집트, 모로코, 튀니지, 알제리, 리비아 같은 나라가 있어요. 북아프리카는 매우 건조한 사막 지역으로 낮에는 덥고 밤에는 추워요. 북아프리카 사람들은 메마르고 더운 내륙보다 시원한 바닷가에 집을 짓고 살아요. 사하라 사막 주변에는

물이 부족한 아프리카 아프리카는 가뭄이 자주 들어 물이 많이 부족해요. 말라위, 에티오피아, 수단, 에리트레아 사람들은 멀리 떨어진 우물이나 강가까지 몇 시간을 걸어가서 물을 길어 와요.

아프리카는 나라도 많고 부족도 많다면서요.

부족이 수천 개가 넘고, 동물들도 아주 많단다. 얼룩말, 표범, 사자, 하이에나 등 야생 동물의 천국이지.

사파리 관광 하고 싶다.

사바나 아프리카 열대 초원으로 건기와 우기가 반복돼요. 키 작은 나무와 풀들이 자라 초식 동물과 육식 동물이 먹이를 찾아 모여들어요.

스텝이 자리해요. 스텝은 열대 사바나와 사하라 사막 사이에 있는데, 키 작은 풀이 드문드문 자라요.

스텝 아래쪽인 중부 아프리카는 적도에 가까워 기온이 높고 강수량이 많아요. 또한 주변에는 열대 초원인 사바나가 있어 야생 동물의 천국으로 불리지요. 중부 아프리카에는 가나, 나이지리아, 콩고 민주 공화국, 케냐 등의 많은 나라가 있어요. 이 나라들은 언어는 물론 민족과 종교도 달라 민족 사이에 다툼이 잦아요.

아프리카 대륙 가장 남쪽에는 온대 기후가 나타나요. 사람이 활동하기에 적합해 일찍이 유럽 사람들이 이주해 와서 많이 살았어요.

유럽에 의해 짓밟힌 아프리카

아프리카는 1441년부터 유럽 사람들이 노예사냥을 하면서 짓밟히기 시작했어요. 19세기 초에는 총을 앞세운 영국, 프랑스, 벨기에 등 유럽 나라들이 아프리카를 노골적으로 침략했어요. 각 나라의 지도자는 아프리카 대륙 지도를 보고 일직선으로 금을 긋듯이 자기 나라의 식민지를 정했어요. 그래서 오늘날처럼 아프리카에는 반듯한 국경선이 생겼답니다. 이러한 국경선은 오랫동안 함께한 부족과 민족의 영역을 무시한 것이어서 오늘날 끊임없이 일어나는 싸움과 전쟁의 원인이 되었어요.

천연자원의 혜택을 누리는 곳

아프리카는 발전 가능성이 높은 대륙이에요. 아프리카에는 석유, 금, 다이아몬드 같은 천연자원이 굉장히 많아요. 코발트, 망간, 백금, 구리,

우라늄도 아프리카 곳곳에 많이 묻혀 있지요. 나이지리아는 세계에서 손꼽히는 산유국이에요. 알제리에서도 석유가 많이 나지요. 가나에는 초콜릿의 원료인 카카오를 많이 재배해요. 우리나라의 '가나초콜릿'도 가나에서 온 카카오를 원료로 만들어서 '가나'라고 이름 지었다고 해요. 이 밖에 남아프리카 공화국에서는 금과 다이아몬드가 많이 묻혀 있어요.

자원이 풍부한 아프리카도 풀어야 할 문제가 많아요. 군인들이 총칼의 힘으로 국민들을 억압하면서 이에 반대하는 많은 사람의 목숨을 수없이 빼앗아 갔어요. 툭하면 일어나는 부족끼리의 다툼도 아프리카 경제의 발목을 잡고 있어요.

세계에서 제일 긴 나일 강

나일 강은 아프리카는 물론 세계에서 가장 길어요. 길이가 6,695㎞나 되지요. 면적 또한 나일 강의 유역을 모두 합하면 아프리카 대륙의 약 10%에 이른다니 정말 굉장하지요.
나일 강 하류에 있는 기름진 땅에서는 오래전부터 문명이 발달했어요. 지금도 이집트 인구의 95%가 나일 강 유역에 산답니다. 하지만 나일 강은 주기적으로 홍수가 나서 큰 골칫거리였는데, 아스완 하이 댐을 만들면서 이 문제도 해결됐어요.

세계에서 가장 넓은
사하라 사막

사하라 사막은 아프리카 북부의 대부분을 차지하는, 세계에서 가장 넓은 사막이에요. 넓이가 약 907만㎢로, 아프리카 전체의 30%나 되다니 정말 넓지요?

사하라 사막은 지금도 계속 넓어지고 있답니다. 왜냐고요?

사하라 사막은 낮과 밤의 기온 차이가 무척이나 커요. 낮에는 40℃가 훨씬 넘고 밤에는 영하 20℃ 가까이 내려가는 곳이 많아요. 이렇게 일교차가 크니 바위들이 쉽게 부서져 모래로 변해, 차츰 사막이 넓어지는 거예요. 비가 들쑥날쑥하게 오는 것도 문제예요. 하루에 약 300㎜의 비가 오는가 하면, 몇 년에 걸쳐 비가 한 방울도 안 내리기도 해요. 또한 비가 내려도 땅이 모래와 자갈뿐이라 물을 담아 두지 못하고, 땅의 물기도 뜨거운 낮 동안 다 증발해 버리지요.

이러다 보니 동식물이 살기가 쉽지 않아요. 물이 없어도 오래 견딜 수 있는 뱀, 흰색가젤, 사막 여우 같은 동물만 살아요. 하지만 오래전에는 사하라 사막도 살기 좋은 곳이었답니다. 사막에서 발굴된 동굴의 벽화에 사람들이 가축을 모는 장면이 그려져 있거든요.

오늘날 아프리카 사람들은 사하라 사막을 다시 쓸모 있는 땅으로 만들기 위해 노력하고 있어요. 하루 종일 따가운 햇빛이 내리쬐기 때문에 이를 이용한 태양광 발전소가 늘어나고 있어요. 하지만 사하라 사막 남쪽의 사헬 지역은 사정이 달라요. 절망의 땅으로 변하고 있지요. 이곳은 사막이 점점 확대되어 주민의 생활이 이만저만 불편한 게 아니에요. 유목민들이 기르는 소와 양이 풀을 거의 다 뜯어 먹을 뿐만 아니라 가뭄까지 자주 들어 모래사막으로 변하고 있어요. 주민들은 물을 찾아 오랫동안 살던 터전을 하나둘 떠나고 있답니다.

'사하라'라는 말은 아랍어로 사막을 뜻해.

그럼 사하라 사막은 '사막 사막'이라는 뜻이네요?

사하라 사막 사막에서는 낙타를 타고 이동해요.

피라미드와 나일 강의 나라, 이집트

아프리카 북동쪽에 있는 이집트는 아프리카에서 역사가 가장 오래된 나라예요. 이집트에 있는 나일 강 하류의 기름진 땅에서는 세계 4대 문명의 하나인 이집트 문명이 탄생했지요.

이집트는 16세기까지만 해도 인구가 많은 큰 나라였어요. 물론 수도 카이로는 지금도 큰 도시예요. 역사도 아주 오래돼 카이로라고 부른 지 천 년이 훨씬 넘었어요.

이집트가 자랑하는 유적은 고대 이집트의 피라미드예요. 피라미드는 죽은 왕을 위해 만든 무덤이에요. 처음 만든 피라미드는 그렇게 크지 않았는데 태양신 숭배 사상이 발달함에 따라 점점 커지기 시작했어요. 특히 쿠푸 왕의 피라미드는 세계에서 가장 큰 피라미드로 평균 2.5톤 정도의 돌이 200만 개가 넘게 사용되었다고 해요.

수에즈 운하 아시아와 유럽의 통로예요. 이집트는 수에즈 운하의 통행료로 해마다 많은 돈을 벌어요.

이집트의 또 다른 자랑은 지중해와 홍해를 이어 주는 수에즈 운하예요. 이 운하가 생기면서 유럽의 배들은 인도나 아시아를 갈 때 더 이상 아프리카로 돌아서 가지 않게 되었어요. 아시아와 유럽의 물자는 더 빠르고 쉽게 오고가게 되었지요.

이집트는 지금은 예전에 비해 많이 쇠약해졌지만, 그래도 아랍 국가들 사이에서는 여전히 발언권이 강해요.

이집트는
최고 기록이 많아.
세계에서 제일 긴
나일 강, 세계에서 가장 큰
피라미드가 있지.

기제의 피라미드 세계에서 가장 큰 피라미드예요. 쿠푸 왕의
무덤으로 높이는 146m이고, 바닥면의 한 변이 233m나 돼요.

민주화 바람이 불고 있는 북부 아프리카

북부 아프리카의 리비아, 알제리, 이집트, 튀니지, 모로코는 오랫동안 군인들이 나라를
통치했어요. 이들 나라는 석유가 많이 나지만
국민의 대다수는 가난해요. 2008년 전 세계적
으로 곡물 값이 치솟자 가난한 국민들은 정부
에 먹고 살 수 있게 해달라고 건의했어요. 하지
만 이 요청이 무시되자 북부 아프리카 나라의
국민들이 정부에 항의했어요.
이로 인해 이집트, 리비아 등의 국가 지도자들
이 물러났고, 북부 아프리카 나라들은 모두 잘
사는 새로운 나라를 만들려고 노력 중이에요.

대통령의 퇴진을 요구하는 이집트 국민

중부 아프리카의 산유국, 나이지리아

나이지리아는 중부 아프리카 서부 해안에 있는 나라예요. 일 년 내내 덥고 비가 오는 열대 우림에서부터 메마른 사막, 그리고 초원까지 펼쳐진 다양한 자연환경을 갖추고 있어요.

1960년 영국으로부터 독립하기 전까지 나이지리아는 대부분의 자원을 영국이 가져가 주민들은 아주 가난하게 살았어요. 주민들은 열대 우림의 정글에서 베어 낸 나무와 카카오를 팔거나 건조한 초원에서 양과 소를 기르고, 혹은 나이저 강을 따라 농사를 지으며 근근이 살아왔답니다.

가난했던 나이지리아가 활기를 찾기 시작한 것은 1960년대 말 나이저 강 하구 해안 지대에서 석유가 발견되면서부터예요. 나이지리아에는 많은 양의 석유가 묻혀 있어요. 석유는 나이지리아 경제를 떠받치고 있지요.

하지만 석유는 나이지리아 국민들을 부자와 가난한 자로 나누었고 부족간의 갈등을 더 크게 만들었어요. 나이저 강 하구에 사는 사람들은 땅이 비옥하고 석유가 많이 묻혀 있어 일자리도 많지만, 내륙은 아직도 원시적인 농업을 하는 부족이 많아 가난한 사람들이 많아요.

나이지리아에는 250여 종족이 있어요. 아프리카에서 인구도 가장 많지요. 이들은 서로 언어와 역사가 달라 갈등의 원인이 되지만 나름대로 독특한 문화와 예술을 발달시켰어요.

나이저 강이란다.
나이저 강은 아프리카에서
세 번째로 길어.
하구에는 기름진
삼각주가 있지.

꼭 뱀이 구불구불
지나가는 것 같아요.

어, 이게 뭐야.
파이프가 왜
도로 옆에 길게
뻗어 있지?

그것도 몰라? 나이저 강
하구에서 끌어올린 석유를
긴 관을 통해 실어 나른대.
이것을 송유관이라고 해.

◉킨샤사

열대 우림이 무성한
콩고 민주 공화국

콩고 민주 공화국은 중부 아프리카 중앙에 있는 나라예요. 이 나라는 1971년부터 1997년까지 나라 이름을 자이르라고 불렀어요. 콩고 강을 사이에 두고 '콩고'라는 나라와 마주보고 있는데, 두 나라를 같은 나라라고 생각하면 안 된답니다. '콩고 민주 공화국'의 나라 이름은 국경을 흐르는 콩고 강에서 따왔어요.

콩고 민주 공화국은 적도가 나라의 한가운데를 지나가요. 적도 부근은 한낮에 뜨거운 태양빛이 내리쬐어 공기를 후끈하게 데워요. 뜨거워진 공기는 위로 올라가 비구름을 만들며, 곧 강한 소나기를 뿌려요. 이런 소나기를 '스콜'이라고 불러요. 더운 날씨와 스콜은 이 나라에 빽빽한 열대 우림을 만들었어요.

콩고 민주 공화국은 열대 우림에서 나오는 목재와 다이아몬드, 구리, 코발트, 우라늄, 아연 등 광물 자원이 풍부해요. 특히 구리는 콩고 민주 공화국에서 가장 많이 나는 지하자원이에요.

이러한 풍부한 지하자원에도 불구하고 국민들은 가난하게 살고 있어요. 이 까닭은 정부가 자원을 팔아서 번 돈으로 무기를 사고 군인들의 월급으로 쓰기 때문이에요. 200여 개의 종족이 700여 개의 언어를 쓰며 서로 싸우고, 군인이 독재 정치를 하는 것은 콩고 민주 공화국이 풀어야 할 큰 숙제예요.

열대 우림은 영어로 '트로피컬 레인 포레스트' (tropical rain forest)라고 하지. 비가 숲을 만들었다는 뜻이야.

나무들끼리 햇빛을 더 받기 위해서 높이 올라가서 키가 크다고 들었어요.

콩고 민주 공화국의 열대 우림
다양한 야생 동물이 살아요.

세계에서 5번째로 긴 강, 콩고 강

콩고 강은 아프리카 중서부를 4,667㎞가량 흘러요. 콩고 강은 아마존 강 다음으로 유량이 풍부하답니다.

콩고 강은 미국의 미시시피 강이나 이집트의 나일 강과는 달리 삼각주가 없어요. 콩고 강의 진흙 섞인 강물은 깊게 도랑을 파면서 멀리 대서양까지 흘러가지요.

콩고 강 주변은 빽빽한 밀림이 우거진 열대 우림이라 길을 내기 어려워서 콩고 강이 이 지역 사람들의 주요 물길로 이용돼요.

아프리카에서 가장 잘사는 남아프리카 공화국

남아프리카 공화국은 아프리카의 가장 남쪽에 있는 나라예요. 이 나라는 사바나, 험준한 드라켄즈버그 산맥, 칼라하리 사막 등 다양한 지형을 품고 있어요. 다양한 지형만큼 인종도 다양해요. 흑인이 가장 많고, 그다음으로 백인, 혼혈 인종, 인도인이 살아요. 백인도 아프리카의 다른 나라들에 비해 훨씬 많아요. 이 나라가 인도와 무역을 하는 길목에 있어서 일찍부터 유럽 사람들과 왕래가 많았기 때문이에요.

남아프리카 공화국은 아프리카에서 가장 잘 사는 나라예요. 사막이 별로 없고 초원이 많아서 양이나 소 같은 동물들을 키우기 쉽고, 온대 기후에 속하기 때문에 작물도 많이 재배할 수 있어요.

또 아프리카의 다른 나라들보다 공업이 가장 발달했으며, 천연자원도 풍부해요. 다이아몬드, 금, 천연가스도 많이 묻혀 있어요. 특히 다이아몬드는 세계 생산량의 60%를 넘게 차지한답니다. 금도 세계에서 가장 많이 생산하지요.

남아프리카 공화국의 모든 사람이 잘사는 것은 아니에요. 이 나라의 흑인 원주민들은 오랫동안 힘들게 살았어요. 인구도 얼마 되지 않는 백인들이 나라를 지배하면서 인종에 따라 여러 사회적인 권리를 차별하는 '아파르트헤이트'라는 정책 때문이에요. 이 정책에 따라 흑인들은 정치에 참여할 수 없고, 사는 곳을 마음대로 옮길 수도 없으며, 백인들과 멀리 떨

어, 이 구멍은 뭐예요?

예전에 이곳에서 다이아몬드를 캤단다.

다이아몬드를 캐느라 계속 땅을 파서 구멍이 생겼군요!

킴벌리의 빅홀 다이아몬드를 캐느라 깊이가 215m, 둘레가 1.6㎞나 되는 깊고 큰 구멍이 생겼어요.

어져 살아야 했어요.

흑인들은 점차 이러한 불평등한 사회 제도에 맞서 싸우기 시작했어요. 이들의 지도자 역할을 한 사람이 바로 넬슨 만델라예요. 만델라는 정부에 불평등한 흑인에 대한 차별을 고치라고 꾸준히 압력을 넣었어요. 만델라의 노력으로 아파르트헤이트 정책은 없어지고, 흑인들의 인권은 크게 개선되었어요. 그뒤 흑인과 백인의 갈등은 많이 줄어들고, 이에 따라 정치도 안정을 되찾았지요. 정치적인 불안으로 해외로 나갔던 기업들은 다시 남아프리카 공화국으로 돌아왔어요.

2010년에 월드컵이 남아프리카 공화국에서 열렸는데, 남아프리카 공화국 국민들은 흑인과 백인이 하나가 되어 자기 나라의 선수를 열심히 응원했답니다.

아프리카에서는 내가 최고!

아프리카 대륙은 흔히 '검은 대륙'이라고 불려요. 옛날에는 아프리카에 대해서 잘 몰랐기 때문에 이렇게 불렀어요. 아프리카에서는 무엇이 최고인지 알아보아요.

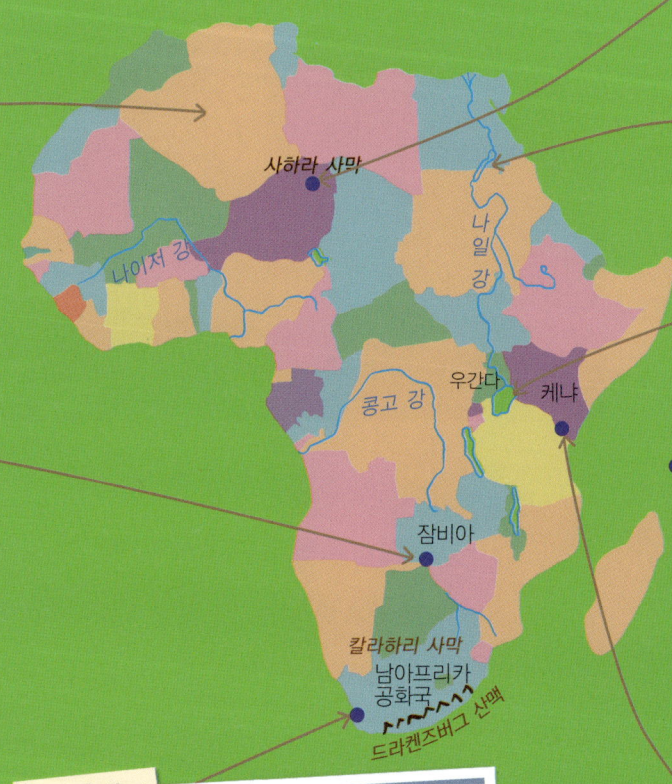

가장 큰 나라
알제리(넓이 238만 2000㎢)

사하라 사막

나이저 강

나일 강

콩고 강

우간다

케냐

잠비아

칼라하리 사막
남아프리카 공화국
드라켄즈버그 산맥

가장 너비가 긴 폭포

빅토리아 폭포(너비 1,707m)

가장 큰 도시

케이프타운(넓이 2,461㎢)

가장 큰 사막

세계 최고!

사하라 사막(넓이 907만 km²)

가장 긴 강

세계 최고!

나일 강(길이 6,695km)

가장 큰 호수

빅토리아 호(넓이 6만 8800km²)

가장 작은 나라

세이셸(넓이 460km²)

가장 높은 산

킬리만자로 산(높이 5,895m)

아프리카 문화 들여다보기

아프리카 대륙은 예로부터 수많은 종족과 부족이 발전해 왔어요. 수천 개의 종족이 발전시킨 아프리카의 독특한 문화를 찬찬히 구경해 보아요.

유네스코 세계 문화유산

튀니지의 카르타고 유적지

기원전 9세기경 페니키아 인들이 지금의 튀니지에 카르타고라는 도시 국가를 세웠어요. 튀니지에는 그 유적 터가 남아 있어요.

말리의 팀북투

진흙으로 만든 사원이에요. 사막에 사는 투아레그 족이 만들었어요. 팀북투는 15~16세기 아프리카 전역에 이슬람교를 전파하는 중심 도시였어요.

나라마다 독특한 음식 문화 ✈

빌통
고기를 식초와 소금에 절인 다음 말린 것으로 우리나라의 육포와 비슷해요. 남아프리카 공화국 사람들이 즐겨 먹는 간식이에요.

우갈리
옥수수 가루를 뜨거운 물에 쪄서 만든 음식이에요. 맛은 우리나라 백설기와 비슷해요. 종종 카사바나 수수 가루를 넣어서 만들기도 해요. 에티오피아와 에리트레아 사람들이 많이 먹어요.

사모사
양고기에 갖은 양념을 한 후 밀가루로 싸서 만들어 튀긴 음식이에요. 고대 페르시아에서 시작된 음식으로 북부 아프리카 사람들이 많이 먹어요.

예술과 문화 ✈

화려한 장식
아프리카 사람들은 옷과 장신구가 화려해요. 노랑, 빨강, 초록, 검정 등의 원색을 많이 사용해 멀리서도 눈에 금방 띄어요.

열정적인 춤
아프리카 부족들은 탄생, 사냥, 결혼, 죽음 같은 행사 때마다 모여 춤을 추어요. 빠른 북소리에 맞춰 정렬적으로 발을 구르거나 몸을 흔들며 춤을 추지요.

마스크
아프리카의 행사에 꼭 들어가요. 아프리카 사람들은 마스크에 인간의 슬픔, 기쁨, 분노, 행복 등을 표현했어요.

5

아메리카 이야기

아메리카 대륙은 세계 7대 대륙에 속하는 북아메리카 대륙과 남아메리카 대륙으로 나뉘어요. 북아메리카 대륙과 남아메리카 대륙의 사이에 있는 지역은 흔히 중앙아메리카라고 불러요. 콜럼버스가 발견하기 전까지 유럽에서는 생소한 땅이었던 아메리카 대륙으로 한 발짝 한 발짝 걸어가 보아요.

캐나다

북아메리카

로키산맥

오대호

미시시피강

미국

멕시코

중앙아메리카

쿠바

서인도 제도

도미니카 공화국

과테말라

니카라과

엘살바도르

파나마

가이아나

코스타리카

베네수엘라
볼리바르

수리남

기아나

콜롬비아

에콰도르

아마존 강

페루

남아메리카

브라질

안데스산맥

볼리비아

아타카마 사막

파라과이

칠레

아르헨티나

우루과이

팜파스

파타
고니아

콜럼버스가 발견한 아메리카 대륙

아메리카는 남북으로 길게 이어진 대륙이에요. 남쪽 끝에서 북쪽 끝까지의 거리가 무려 1만 4000㎞에 이른답니다.

콜럼버스가 발견하기 전까지 아메리카 대륙에는 원주민이 살았어요. 콜럼버스의 발견 이후 아메리카 대륙은 유럽 여러 나라의 식민지가 되어 몇백 년 동안 시련을 겪었답니다. 지금은 대부분 독립했지만 그때의 상처는 아직도 남아 있어요. 북아메리카의 인디언들은 미국의 보호를 받는 소수 민족이 되었고, 중앙아메리카와 남아메리카의 원주민들은 자신들의 언어를 잃고 에스파냐어와 포르투갈어를 사용하며 살아가고 있지요.

다양한 인종이 사는 아메리카 아메리카 대륙에는 원래 원주민인 인디언을 비롯해 흑인, 아시아인, 유럽인들이 어우러져 살아요.

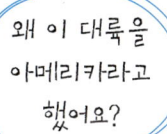

왜 이 대륙을 아메리카라고 했어요?

콜럼버스에 이어 아메리카 대륙을 탐험한 아메리고 베스푸치의 이름에서 따온 거란다.

아메리카 이름의 유래

유럽 사람 가운데 이 대륙에 처음 발을 디딘 사람은 콜럼버스예요. 하지만 그때는 아메리고 베스푸치가 더 유명해서 지도 만드는 사람이 아메리카라고 이름 붙였대요.

아메리카의 구분

아메리카 대륙은 크게 세 부분으로 나뉘어요. 북쪽의 땅이 북아메리카이고, 남쪽의 삼각형 모양의 땅이 남아메리카예요. 그리고 그 둘을 잇는 길고 좁은 지역이 중앙아메리카이지요.

북아메리카에는 주로 유럽 사람들이 이주해 왔어요. 북아메리카에 있는 미국과 캐나다는 세계적으로 잘사는 나라예요. 이 두 나라는 영어를 공식 언어로 사용해요.

중앙아메리카는 좌우 폭이 매우 좁아요. 어떤 곳은 50km밖에 되지 않아요. 중앙아메리카에는 멕시코를 비롯해 과테말라, 엘살바도르, 온두라스, 파나마, 코스타리카 같은 작은 나라가 있어요. 이 나라 국민 대부분은 인디언과 유럽 사람의 혼혈이에요.

남아메리카에는 브라질, 아르헨티나, 칠레, 콜롬비아, 페루 같은 나라가 있어요. 이곳에는 원래의 원주민인 인디오와 유럽에서 이주해 온 백인, 아프리카에서 노예로 끌려온 흑인의 후손이 살아요. 또 이들과 결혼한 사람들의 자손인 혼혈인이 있지요.

중앙아메리카와 남아메리카의 국가 중 브라질을 빼고는 모두 공식 언어로 에스파냐어를 사용해요. 브라질만 예전에 포르투갈의 지배를 받았기 때문에 포르투갈어를 사용한답니다. 중앙아메리카와 남아메리카를 합쳐 흔히 라틴 아메리카라고 해요. 이 지역에서 사용하는 에스파냐어와 포르투갈어가 라틴어에서 생겨났기 때문이에요.

산맥과 평원이 함께하는 곳

아메리카 대륙의 서쪽에는 험준한 산맥이 두 개 있어요. 북아메리카에 있는 것이 로키 산맥이고, 남아메리카에 있는 것이 안데스 산맥이에요.

아메리카 대륙은 땅이 길고 넓은 까닭에 기후가 다양해요. 북쪽의 캐나다 북부는 북극권이라 사계절 내내 추워요. 남아메리카는 대부분 무척 덥지만, 남쪽 끝은 남극과 가까워 매우 추워요.

미국과 캐나다의 국경에는 세계에서 가장 규모가 큰 오대호가 있어요. 로키 산맥과 미국의 미시시피 강 사이에는 프레리라는 평원이 자리해요. 이곳은 목화, 옥수수, 밀이 잘 자라는 곡창 지대예요.

아마존 열대 우림도 아메리카에서 빼놓을 수 없는 지역이에요. 남아메리카에 있는 아마존 열대 우림은 600만㎢가 넘어 어마어마한 넓이를 자랑해요. 이 아마존 열대 우림 한가운데에 아마존 강이 흘러요. 아마존 강 유역은 자연환

로키 산맥 세계에서 두 번째로 긴 산맥으로 총 길이가 약 4,500㎞나 돼요.

경이 잘 보존된 곳이었는데, 최근에 너무 많이 개발되어 생태계 파괴 등 많은 문제가 생기고 있어요.

지하자원의 보고

미국에서는 석유와 천연가스가 많이 나요. 캐나다는 석탄과 구리가 많이 묻혀 있고, 남아메리카도 천연자원이 풍부해요. 베네수엘라는 석유 수출국 기구에 들 정도로 석유가 많이 나요. 이 밖에 페루에서는 은이 많이 나고, 볼리비아에서는 보크사이트가 풍부하게 묻혀 있어요. 오리노코 강과 아마존 강 주변은 세계적인 밀림 지대여서 이곳의 삼림은 주요 자원이에요.

아메리카의 원주민인 인디언

아메리카를 가장 먼저 발견한 사람은 누구일까요? 사실 아메리카에는 이미 오래전부터 사람이 살았어요. 아메리카 대륙에 살던 사람들은 먼 옛날 아시아에서 건너왔어요. 그러니까 아메리카 대륙을 최초로 발견한 사람은 아시아 사람이에요.
콜럼버스는 이들을 인도 사람이라고 착각해서 인디언이라는 이름이 생겼어요. 인디언은 아메리카 대륙에서 고유한 문화를 가지며 살아왔어요. 하지만 탐험가들이 아메리카 대륙을 발견한 뒤부터는 시련이 계속됐지요. 많은 인디언이 백인에게 땅을 빼앗기거나 목숨을 잃었어요. 그래서 지금은 북아메리카에서 순수 혈통의 인디언은 거의 찾아보기 힘들어요.

로키·안데스 산맥과 아마존 열대 우림

북아메리카와 남아메리카 서부에는 로키 산맥과 안데스 산맥이 남북으로 길게 뻗어 있어요. 로키 산맥은 북쪽의 알래스카부터 뉴멕시코 주까지 이어져요. 그 길이는 무려 4,500㎞가 넘지요. 이곳은 나무가 빽빽하게 자라서 숲이 울창하고 경치도 아름다워요. 스키장, 국립 공원 등이 많아서 해마다 야영을 하거나 깨끗하고 아름다운 경치를 즐기려는 관광객들이 즐겨 찾아요. 로키 산맥에서 가장 유명한 관광지는 옐로스톤 국립 공원이에요.

안데스 산맥은 남아메리카 대륙 서부 해안을 따라 뻗어 있어요. 길이가 7,200㎞에 달하는 세계에서 가장 긴 산맥이에요. 6,000m가 넘는 봉우리가 솟아 있어 히말라야 산맥 다음으로 고도가 높고 험해요. 이곳에 6,960m나 되는 높이를 자랑하며 솟아 있는 아콩카과 산은 아메리카 대륙에서 가장 높아요.

안데스 산맥은 환태평양 조산대에 위치해 있어 지금도 화산 활동이 활발해요. 또 화산과 함께 지진이 자주 일어나 도시가 무너지고, 많은 사람이 다치거나 생명을 잃기도 했어요.

아마존 강과 아마존 열대 우림 아마존 강 유역에는 열대 우림이 빽빽해요. 이곳에는 큰부리새, 피라니아, 타란툴라 등 희귀 동물과 다양한 식물이 살아요.

남아메리카에서 빼놓을 수 없는 것이 열대 우림이에요. 아마존 열대 우림은 남아메리카의 약 3분의 1을 덮고 있어요. 이곳은 일 년 내내 비가 오고 아주 더워서 나무들이 아주 잘 자라요. 키가 큰 나무로 숲이 우거져 하늘을 뒤덮을 정도랍니다. 아마존 열대 우림은 '지구의 허파'라고 부를 정도로 산소를 많이 내뿜어요. 지구에 필요한 산소의 4분의 1을 뿜어내지요. 하지만 최근에는 사람들이 함부로 나무를 베고 길을 닦아 열대 우림이 파괴되고 있어요.

세계에서 가장 높은 앙헬 폭포

지리 백과

앙헬 폭포는 베네수엘라 고원의 절벽에서 떨어져요. 폭포의 총 높이는 979m나 돼요. 이 폭포는 아프리카의 빅토리아 폭포보다 10배나 높아요.
'앙헬'은 미국 조종사인 '에인절'을 에스파냐 어로 부른 말이에요. 에인절이 금을 찾으려고 비행기를 타고 가다가 1935년에 이 폭포를 발견해서 앙헬로 불린답니다.

천연자원이 풍부한 캐나다

캐나다는 세계에서 두 번째로 땅이 넓은 나라예요. 하지만 영토의 4분의 3은 추운 북극 지방이라 사람이 살기가 힘들어요. 그래서 사람들은 밴쿠버, 토론토, 몬트리올 같은 남부에 모여 산답니다. 인구는 3800만 명이 조금 넘는 정도여서 땅의 크기에 비해서는 적은 편이에요. 캐나다는 1867년에 영국으로부터 독립했어요.

단풍나무 숲 붉은 단풍은 캐나다 국기에 들어갈 정도로 캐나다를 대표해요. 단풍나무 수액인 메이플 시럽은 팬케이크에 곁들여서 먹어요.

캐나다는 자연 경관이 뛰어난 나라예요. 북부에는 넓은 숲이 펼쳐 있고, 숲속에는 곰, 늑대, 북극여우 같은 동물들이 살아요. 숲의 나무들은 목재로 이용되거나 종이를 만드는 데 써요. 전 세계 신문 종이의 약 40%가 캐나다에서 생산된다고 해요.

캐나다는 호수와 강의 나라이기도 해요. 호수가 약 100만 개가 넘게 있다니 우리로서는 상상하기 힘든 풍경이지요. 수많은 강을 이용한 수력 발전도 발달했어요. 또 땅이 기름져 세계적인 밀 생산 지역이기도 해요. 무엇보다 캐나다에는 지하자원이 아주 많아요. 석유와 철광석이 많이 나서 제조업이 발달했고, 풍부한 자원을 바탕으로 경제가 빠르게 성장했어요.

캐나다는 인구의 약 80%가 도시 지역에 모여 살고, 원주민보다 영국과 프랑스를 비롯한 여러 나라에서 이민 온 사람들이 훨씬 많아요. 캐나다 사람들은 대부분 영어를 사용해요. 하지만 퀘벡은 오래전에 프랑스 사람들이 옮겨 와 만든 도시이기 때문에 영어와 프랑스어를 함께 써요.

퀘벡 프랑스의 전통 마을을 고스란히 옮겨놓은 것 같은 도시예요. 이곳에 최초로 발을 디딘 백인은 프랑스 사람이에요. 영국의 식민지가 되기 전부터 프랑스 사람들이 많이 살아온 퀘벡은 캐나다 정부에 독립을 주장하고 있어요.

◎워싱턴

세계 최강의 나라,
미국

미국의 공식 이름은 아메리카 합중국이에요. 미국은 50개 주가 합쳐진 나라예요. 50개 주 가운데 알래스카와 하와이는 미국 본토와 멀리 떨어져 있어요. 알래스카는 캐나다의 북서쪽에 있고, 하와이는 태평양 한가운데에 있지요. 미국의 영토는 세계에서 세 번째로 넓고, 인구는 약 3억 명으로 세 번째로 많아요. 풍부한 자원과 살기 좋은 환경은 오늘날 미국을 잘살고 강한 나라로 만드는 데 커다란 역할을 했답니다.

개척의 역사

미국은 1776년에 영국으로부터 독립했으니까 이제 200년이 조금 넘는 역사를 지녔어요. 독립할 당시 미국의 주는 13개였고, 영토는 지금의 동부 지역 일부분에 지나지 않았어요. 하지만 미국은 다른 나라에서 돈을 주고 땅을 사거나, 전쟁을 벌여 영토를 넓혔어요. 그렇게 해서 미국은 북아메리카를 동에서 서로 가로지르는 큰 나라가 되었어요.

서쪽에 새로운 땅이 생기자 동부 지역의 사람들은 서부로 옮겨 갔어요. 서부를 개척한 사람들은 미국을 발전시키는 데 많은 공헌을 했어요. 다른 나라에서 이민 온 사람들도 미국의 역사에서 빼놓을 수 없지요. 멕시코 사람, 아프리카 사람, 아시아 사람 모두가 함께 미국을 일구었어요. 오늘날의 미국은 세계에서 가장 다양한 인종이 모여 사는 나라예요.

미국의 대평원 '프레리'야. 로키 산맥과 미시시피 강 사이에 있어.

미국은 땅이 아주 넓어서 프레리 같은 초원, 사막, 아주 추운 극지방도 포함하고 있지.

워싱턴은 미국의 수도로 정치와 행정의 중심지야. 대통령이 사는 백악관도 있어.

전 세계 경제의 리더

미국은 농업에서부터 우주 항공 산업 같은 첨단 산업에 이르기까지 전 세계의 산업을 이끌고 있어요. 미국의 경제가 어려우면 다른 나라의 경제도 같이 힘들어질 만큼 아주 큰 힘을 발휘하지요. 미국은 석유, 천연가스, 목재와 같은 천연자원이 풍부하고, 노동력이 풍부해서 공업이 발전

할 수 있는 가장 좋은 조건을 갖추었어요.

또한 땅이 넓고 기후가 좋아 농사짓기에도 알맞아요. 특히 기계를 이용해 농사를 짓기 때문에 생산성이 무척 높답니다. 옥수수, 밀, 콩, 육류는 세계적인 생산량을 자랑해요.

컴퓨터 산업이나 우주 항공 산업, 정보통신 같은 최첨단 기술도 아주 발달했어요. 정보통신 분야는 이름만 들어도 알 정도로 세계의 기술을 이끄는 회사가 많아요. 구소련이 사람을 태운 우주선을 가장 먼저 우주에 보냈다면, 달에 가장 먼저 착륙한 나라는 미국이에요. 미국은 미국 항공 우주국(NASA)을 통해 우주 항공 산업에 힘쓰며 전 세계에서 가장 앞서 나가고 있어요.

미국의 경제력이 크다 보니 미국 화폐인 달러도 국제적으로 쓰이는 화폐가 되었어요. 나라끼리 물건을 사고팔 때 주로 사용하는 돈이 달러에요. 미국과 영국 사람이 쓰는 영어 또한 세계의 공용어가 되었지요. 영어는 세계에서 가장 많은 사람이 쓰는 언어예요.

미국 사람 네 명 중 세 명은 도시에 살아요. 미국의 수도는 워싱턴이지만 가장 널리 알려진 도시는 뉴욕이에요. 항구 도시인 뉴욕은 세계 최고의 은행과 증권 회사가 모인 금융업의 중심지예요.

미국은 우리나라와도 관계가 깊어요. 1945년에 우리나라가 일본에게서 독립한 뒤 3년 동안 우리나라의 정치를 맡았어요. 그리고 6 · 25 전쟁이 터지자 연합군으로 참가했지요. 지금까지도 미국과 우리나라는 군사적 · 경제적으로 서로 협력하고 있답니다.

알래스카는 미국의 보물

알래스카는 1959년에 미국의 49번째 주가 되었어요. 알래스카는 미국의 주 중에서 가장 넓은 땅이 되었지요. 원래 알래스카는 구소련(지금의 러시아)의 땅이었는데, 1867년에 미국에 팔았어요.

구소련의 배를 아프게 만든 상황은 그뒤에 일어났어요. 1920년에 알래스카 페어뱅크스 지역에서 금광이 발견되었거든요. 게다가 96억 배럴에 이르는 석유도 묻혀 있었지요.

오늘날 알래스카는 수많은 자원의 공급지일 뿐만 아니라 인기 있는 관광지이기도 해요. 원주민 2만 명밖에 없던 땅이 이렇게 귀하게 대접받을 줄 구소련은 상상도 못했을 거예요.

거대한 빙하로 덮여 있는 알래스카

멕시코시티

사막과 고원의 나라, 멕시코

멕시코는 중앙아메리카에서 가장 크고 경제가 발달한 나라예요. 또한 아주 오래전부터 원주민들이 살면서 아스테카와 같은 고대 문명을 세울 만큼 역사가 깊은 나라이기도 하지요. 멕시코는 무려 300년 동안 에스파냐의 지배를 받다 1821년에 독립했어요. 하지만 독립한 뒤인 1846년에 미국과의 전쟁에서 지는 바람에 북부 지역의 넓은 땅을 잃게 되었지요.

멕시코 땅의 3분의 1은 해발 1,200~3,000m가 넘는 고원이에요. 고원의 중앙에는 멕시코 인구의 절반 가량이 살고 있고, 경제 활동도 활발해요. 수도인 멕시코시티도 이 고원에 있는데, 일 년 내내 15℃ 안팎의 기온을 유지해 살기가 좋답니다. 하지만 사방이 산으로 둘러싸여 있어 공기가 잘 순환되지 않아 대기 오염이 무척 심각해요.

고원의 남쪽은 식물도 자라고 비도 오지만 북쪽으로 갈수록 건조해져서 사막에 가까워요. 그런데 이 사막에는 굉장히 많은 천연자원이 묻혀 있어요. 금, 은, 구리, 아연 등이 많이 매장되어 있는데, 특히 은은 세계 1, 2위를 다툴 정도로 생산되어요.

제조업은 멕시코에서 무시할 수 없는 산업이에요. 값싼 노동력 덕분에 미국과 캐나다의 기업이 많이 들어와 있어요. 오디오, 텔레비전 같은 전자 제품이 생산되어 대부분 미국으로 수출되지요.

멕시코에는 고대 문명의 흔적이 많이 남아 있어요. 멕시코시티에서 차로 한 시간 정도 거리에는 멕시코에서 가장 큰 도시 유적인 테오티우아칸이 있어요. 이곳에는 고대인이 만든 피라미드가 있는데, 그중 높이가 65m나 되는 태양의 피라미드와 46m인 달의 피라미드가 유명해요.

달의 피라미드 아메리카 대륙에서 가장 큰 고대 유적지예요.

와, 엄청 넓다!

멕시코 고원은 평균 고도가 북부는 1,200m, 남부는 3,000m나 되지.

멕시코의 수도 멕시코시티

멕시코시티는 멕시코 고원 한가운데에 있어.

서인도 제도
아바나

서인도 제도에서 가장 큰 섬, 쿠바

북아메리카와 남아메리카 대륙 사이에는 작은 섬이 많아요. 이 지역은 카리브 해에 있어서 카리브 제도 또는 서인도 제도라고 해요. 인도와는 아주 먼 이곳을 서인도 제도라고 하는 이유는 콜럼버스의 착각 때문이에요. 1492년에 콜럼버스는 지금의 산살바도르 섬에 닿았는데, 죽을 때까지 자기가 도착한 곳이 인도인 줄 알았답니다. 그래서 사람들은 이곳을 인도의 서쪽이라는 뜻으로 서인도 제도라고 불렀어요. 콜럼버스가 이곳에 도착했을 때에는 식인종인 카리브 족이 있었다는데, 카리브 해라는 이름은 카리브 족에서 유래되었어요.

서인도 제도에는 무려 1만 2000개가 넘는 섬이 있지만, 그중에 사람이 사는 섬은 180개 정도밖에 되지 않아요. 이곳 섬들은 에스파냐의 식민지였어요. 오늘날엔 여러 섬이 하나둘 독립해서 현재 쿠바, 자메이카, 트리니다드토바고 등의 나라가 있답니다.

서인도 제도에서 가장 큰 나라는 쿠바예요. 큰 섬에 무려 1,600개가 넘는 작은 섬들이 딸려 있거든요. 섬과 섬 사이의 바다에는 깨끗한 모래사장이 펼쳐져 있고 앞바다는 아주 푸른 바닷물이 넘실거려요. 쿠바를 괜히 '카리브 해의 진주'라고 부르는 것이 아니랍니다. 이런 경치로 쿠바는 많은 관광객을 끌어들이고 있어요. 관광업 외에 쿠바 경제를 떠받치는 것은 사탕수수예요. 사탕수수는 쿠바 어디에서나 잘 자라는 농작물이에요. 그래서 쿠바는 사탕수수와 설탕을 세계에서 가장 많이 수출하는 나라지요.

에스파냐의 식민지였던 쿠바는 험난한 역사를 거쳤답니다. 에스파냐를 몰아낸 미국의 지배를 받다 1902년에 우여곡절 끝에 독립했어요. 그 뒤 1959년에는 혁명이 일어나 사회주의 국가가 되었지요.

쿠바 해변
카리브 해에서 경치가 빼어난 쿠바는 해마다 전 세계에서 온 관광객들로 붐벼요.

아바나 대성당 1519년 에스파냐가 건설한 도시 아바나는 쿠바의 수도예요. 이곳에는 아바나 대성당처럼 바로크와 고전주의 양식의 건축물이 많이 남아 있어요.

쿠바의 수도 아바나 구시가지는 유네스코 세계 문화유산으로 지정될 만큼 역사 유적이 많단다.

삼바와 축구의 나라, 브라질

브라질리아

브라질은 남아메리카에서 가장 넓은 나라예요. 전 세계로 본다면 러시아, 캐나다, 미국, 중국에 이어 다섯 번째로 큰 나라이지요. 브라질이라는 나라 이름은 염료로 쓰이는 브라질 나무에서 따왔다고 해요.

남아메리카에서 브라질만 포르투갈어를 써요. 다른 나라들은 에스파냐의 식민지였지만, 브라질은 포르투갈의 식민지였거든요.

브라질의 지형은 크게 북부의 아마존 강과 남부의 브라질 고원으로 나

지구의 허파라고 할 만큼 많은 양의 산소를 뿜어내고 있단다.

우리에게 정말 소중한 곳이네요.

아마존 열대 우림 야생 고무나무를 비롯해 마호가니, 흑단 같은 나무가 빽빽하게 자라요.

뉘어요. 북부는 열대 기후가 나타나 열대 삼림이 펼쳐져 있어요. 이곳이 아마존 열대 우림이에요. 브라질 북부를 서쪽에서 동쪽으로 흐르는 아마존 강은 세계에서 두 번째로 길어요.

남부에는 평균 고도가 1,000m 정도인 평원이 많아요. 이곳은 온화한 온대 기후가 나타나요. 가축을 기르고 농작물을 재배하는 것은 다 이 평원에서 이루어져요. 남부에는 백인이 많이 살고, 아마존 강 유역에는 적은 수의 원주민인 인디오만이 살아요. 브라질 인구의 75%는 온화한 남부 지역에 몰려 있답니다.

브라질의 산업

브라질은 농업과 공업이 골고루 발달한 나라예요. 옥수수와 사탕수수 같은 농작물과 오렌지, 파파야 같은 과일이 많이 나요. 커피는 세계 1위일 정도로 많이 생산돼요. 쇠고기 수출은 브라질의 축산업을 이끌고 있어요. 브라질은 아마존 열대 우림에서 베어 낸 목재 덕분에 임업도 발달했어요. 이곳에서는 천연고무가 많이 나고, 목재는 숯으로 가공되어 팔려나가요.

브라질 커피 브라질은 세계 1위의 커피 생산국답게 커피 나무를 많이 재배해요.

브라질은 보크사이트, 주석, 크롬 같은 광물 자원이 정말로 많은 나라예요. 또 세계 최고의 철강 수출국이지요. 땅속에는 석유와 천연가스도 상당히 많이 묻혀 있는 것으로 밝혀져 중국, 인도, 러시아와 함께 앞으로 성장 가능성이 높은 나라로 손꼽힌답니다. 오늘날 브라질은 빈부의 차이가 너무 큰 것이 걱정이에요. 잘 사는 사람은 끝도 없이 넓은 땅을 가졌지만, 가난한 사람은 하루하루 먹고살기도 힘들 정도예요. 브라질은 이러한 문제를 해결해야 성장할 수 있을 거예요.

브라질의 도시

　브라질을 대표하는 도시는 리우데자네이루와 상파울루예요. 오늘날 리우데자네이루는 세계에서 손꼽히는 아름다운 항구 도시 가운데 하나예요. 리우데자네이루는 '1월의 강'이라는 뜻이에요. 왜 이런 이름을 붙였을까요? 1502년 1월 1일에 포르투갈의 탐험가들이 리우데자네이루에 도착했어요. 탐험가들은 이곳이 강 옆에 있고 1월에 도착해서 그런 이름

리우데자네이루의 거대한 예수상
리우데자네이루를 상징하는 예수상은 시가지를 내려다보고 있어요.

을 붙였다고 해요. 그런데 사실 리우데자네이루는 강이 아니라 바닷가에 있어요. 상파울루는 커피 산업과 공업의 중심지로 유명해요. 인구가 약 1800만 명이 사는 상파울루는 남아메리카에서 가장 큰 도시예요. 상파울루와 리우데자네이루, 두 도시에만 브라질 인구의 10%가 산답니다.

정열적인 브라질 사람

브라질 사람들은 정열적이에요. 브라질 사람의 열정을 대표하는 것으로 리우 카니발과 축구를 들 수 있어요. 리우 카니발은 해마다 2월 말부터 3월 초 사이에 리우데자네이루에서 열려요. 이 카니발에서는 삼바 퍼레이드가 가장 유명한데, 삼바는 브라질 사람들이 추는 빠르고 정열적인 춤이에요. 카니발을 위해

리우 카니발 전 세계적으로 유명한 축제예요.

일 년 동안 카니발 준비만 한다니 부러워.

브라질 사람들은 거의 일 년 동안 준비해요. 삼바 학교가 있어서 카니발 때 입을 의상을 만들고, 사람들에게 춤을 가르치지요. 브라질을 찾는 많은 관광객은 리우 카니발이 열리는 때에 주로 와요.

축구는 브라질의 국민 스포츠예요. 브라질 사람은 남자 아이가 걸음마를 시작하면 축구를 시킨다고 할 정도로 축구를 좋아해요. 이러한 열기를 바탕으로 브라질은 월드컵 축구 대회에서 다섯 번이나 우승을 차지했어요. 축구의 황제라고 하는 펠레를 비롯해 이 시대 최고의 선수라 일컫는 호나우두, 헐크, 네토 등이 브라질을 빛내는 선수랍니다.

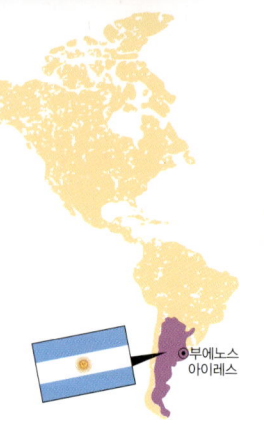

팜파스의 나라, 아르헨티나

부에노스
아이레스

아르헨티나는 남아메리카에서 브라질 다음으로 땅이 넓은 나라예요. 남아메리카의 다른 나라처럼 에스파냐의 식민지였다가 1816년에 독립했지요. 아르헨티나에는 남아메리카의 다른 나라와 달리 원주민이 많지 않아요. 인구의 3분의 2가 유럽에서 온 백인이랍니다.

아르헨티나의 서쪽에는 안데스 산맥이 뻗어 있어요. 칠레에서 콜롬비아까지 약 7,200㎞ 가까이 뻗은 안데스 산맥에는 6,000m가 넘는 높은 산이 많아요. 안데스 산맥에서 가장 높은 산은 아르헨티나에 있는 높이 6,960m의 아콩카과 산이에요.

아르헨티나 남쪽의 파타고니아 고원은 바람이 많이 불고 건조한 지역이에요. 비가 잘 오지 않아 농사보다는 주로 양과 소를 기르지요. 남극에 가까운 파타고니아 주변에는 빙하가 녹아 흘러내려요. 이 지역에는 석유와 천연가스 같은 자원이 굉장히 많이 묻혀 있답니다.

아르헨티나 중부에는 '팜파스'라는 넓은 평원이 있어요. 넓이가 약 76만㎢에 이르러서 기차를 타고도 24시간을 달려야 이 평원을 통과할 수 있대요. 팜파스가 얼마나 넓은지 그려지나요?

이 팜파스에는 비옥한 농지가 있어요. 밀과 옥수수를 많이 재배하는데, 이 곡물은 남아메리카에서 최대 생산량을 자랑하고 있어요. 팜파스는 비가 자주 오고 땅이 기름지기 때문에 아르헨티나 인구의 4분의 3이 이곳

어,
카우보이네요.

가우초란다.
가우초는 팜파스에서
소나 양을 돌본단다.

아르헨티나의 팜파스 팜파스는 아르헨티나 총 넓이의 5분의 1가량 돼요.

에 살아요. 아르헨티나의 수도인 부에노스아이레스도 팜파스에 있어요.
아르헨티나의 카우보이를 특별히 가우초라고 해요. 팜파스에서는 가우
초들이 말을 타고 소나 양을 돌보는 모습을 흔히 볼 수 있어요. 국토의 약
40%가 소와 양을 키우는 목장이다 보니 육류 생산량이 아주 많아요. 아
르헨티나가 세계 최대 쇠고기 생산국이 된 것도 다 팜파스 덕분이지요.

아르헨티나에서 빼놓을 수 없는 볼거리는 이구아수 폭포예요. 이구아
수 폭포는 높이가 72m로 브라질과 아르헨티나의 국경에 있어요. 두 나
라는 함께 이 폭포 지역을 국립 공원으로 지정해 보호하고 있어요.

아르헨티나는 탱고가 처음 생겨난 곳이기도 해요. 탱고는 남녀가 음악
에 맞춰 정열적으로 추는 춤이에요. 탱고는 유럽에서도 인기가 좋았어요.

◉산티아고

세계에서 가장 긴 나라, 칠레

칠레는 영토가 마치 뱀처럼 길고 가늘게 생긴, 세계에서 가장 긴 나라예요. 남아메리카 대륙의 서부 해안을 따라 약 4,265㎞나 뻗어 있어요. 그래서 칠레의 국토는 남북 길이가 동서 길이의 열 배가 넘어요.

칠레의 지형과 기후는 매우 다채로워요. 북부에는 아타카마 사막이 펼쳐져요. 아타카마 사막은 세계에서 아주 메마른 사막으로 알려져 있어요. 식물은 거의 자라지 않지만 대신 귀중한 지하자원이 많이 묻혀 있어요. 이곳에 묻혀 있는 구리의 양은 세계 1위예요. 그래서 칠레는 국가 경제를 구리 수출에 의존하고 있어요.

남부는 눈 덮인 화산과 빙하 그리고 삼림이 어우러져 있지요. 이곳은 늘 강풍이 불고 아주 추워요.

혹독한 기후가 나타나는 북부와 남부에 비해 중부는 기후가 온화해요. 그래서 칠레 인구의 4분의 3은 온난하고 강수량이 적당한 중부 지역에 산답니다.

중부 지역에서 가장 활발한 건 포도주 산업이에요. 이곳

아타카마 사막 서쪽으로는 태평양, 동쪽으로는 안데스 산맥과 만나요. 세계적으로 아주 메마른 사막으로 모래와 자갈이 많아요.

은 겨울에는 따뜻하고 여름에는 따가운 햇볕이 쏟아져 포도가 자라기에 아주 좋은 환경을 갖추고 있어요. 칠레 사람들은 에스파냐의 식민지 시절부터 포도나무를 심어 포도주를 만들기 시작했어요.

칠레는 태평양과 맞닿은 해안이 길고 많다 보니 자연스럽게 어업이 발달했어요. 칠레의 어업은 세계적인 규모를 자랑하며 태평양에서 멸치, 정어리, 고등어, 연어를 많이 잡아요.

에스파냐 사람들이 칠레 원주민에게 포도주 만드는 법을 가르쳤단다.

그래서 칠레에서 포도주가 많이 생산되는군요.

칠레의 포도주

지리 백과

칠레는 에스파냐의 식민지였어요. 에스파냐 사람들은 자기 나라의 포도나무를 가지고 와 칠레에 심었어요. 칠레의 중부 지역인 산티아고 주변은 포도나무를 심기에 가장 적당한 기후였어요.

이렇게 시작된 칠레의 포도주는 이제는 주요 수출품이 되었어요. 칠레의 포도주는 전 세계 85개 나라로 수출되고 있답니다. 2004년 우리나라와 칠레가 자유 무역 협정을 맺은 뒤부터 우리나라에서도 칠레 포도주를 쉽게 즐길 수 있게 되었어요.

아메리카에서는 내가 최고!

아메리카 대륙에는 다양한 나라와 도시가 있어요. 남북으로 길어서 기후도 아주 추운 한대 기후에서 뜨거운 열대 기후까지 다채롭지요. 아메리카 대륙에서 최고 기록을 알아보아요.

가장 큰 나라
캐나다(넓이 998만 4670㎢)

로키산맥

미국

미시시피강

가장 낮은 곳
데스 밸리(해수면 아래로 86m)

베네수엘라 볼리바르

아마존 강

브라질

안데스산맥

칠레

가장 높은 산
아콩카과 산(높이 6,960m)

가장 큰 호수

슈피리어 호(넓이 8만 2360㎢)

가장 높은 폭포

앙헬 폭포(높이 979m)

가장 작은 나라

세인트키츠 네비스(넓이 260㎢)

가장 긴 강

아마존 강(길이 6,516km)

가장 큰 도시

상파울루(넓이 1,523㎢)

아메리카 문화 들여다보기

아메리카 대륙은 역사적으로 유럽과 아프리카의 문화가 들어와 섞이면서 독특하게 발전했어요. 유럽과 아프리카의 문화가 녹아 있는 아메리카 문화를 들여다보아요.

유네스코 세계 문화유산

페루의 리마 역사 지구
리마는 에스파냐가 남아메리카로 진출할 때 만든 도시예요. 에스파냐의 식민지였던 1535년에 정복자인 피사로가 만들었어요.

칠레의 라파누이 국립 공원
칠레 서쪽 남태평양의 라파누이(이스터) 섬에는 사람의 얼굴을 한 모아이 석상이 즐비하게 늘어서 있어요. 라파누이 섬의 폴리네시아 원주민은 오래전부터 독특한 문화를 발전시켜 왔어요.

퓨전 음식 문화

햄버거

1850년대에 독일에서 이민 온 사람들이 들여왔어요. 독일의 함부르크에서 처음으로 만들어 먹던 햄버거는 이제는 미국을 대표하는 음식이 되었어요.

나초

옥수수 가루 반죽을 얇게 펴서 구운 바삭바삭한 과자예요. 멕시코 사람들은 원래 옥수수 전분을 얇게 펴서 구워 먹었어요. 나중에는 유럽인들이 들여온 치즈와 함께 먹게 됐지요.

음악과 축제

레게 음악

카리브 해의 자메이카에서 생겨난 음악이에요. 북아메리카의 리듬앤블루스, 자메이카의 멘토, 아프리카의 민속 음악인 스카가 섞여 있어요.

재즈

미국 남부의 뉴올리온스에서 시작되었어요. 뉴올리온스는 프랑스 식민지였어요. 그래서 재즈는 아프리카 흑인 음악과 유럽의 음악이 합쳐져 탄생했어요.

리우 카니발

브라질의 유명한 리우 카니발은 흔히 '삼바 축제'로 알려져 있어요. 브라질로 끌려온 흑인 노예들이 둥글게 모여 춤을 추며 노래를 불렀는데, 이것이 삼바의 시작이에요.

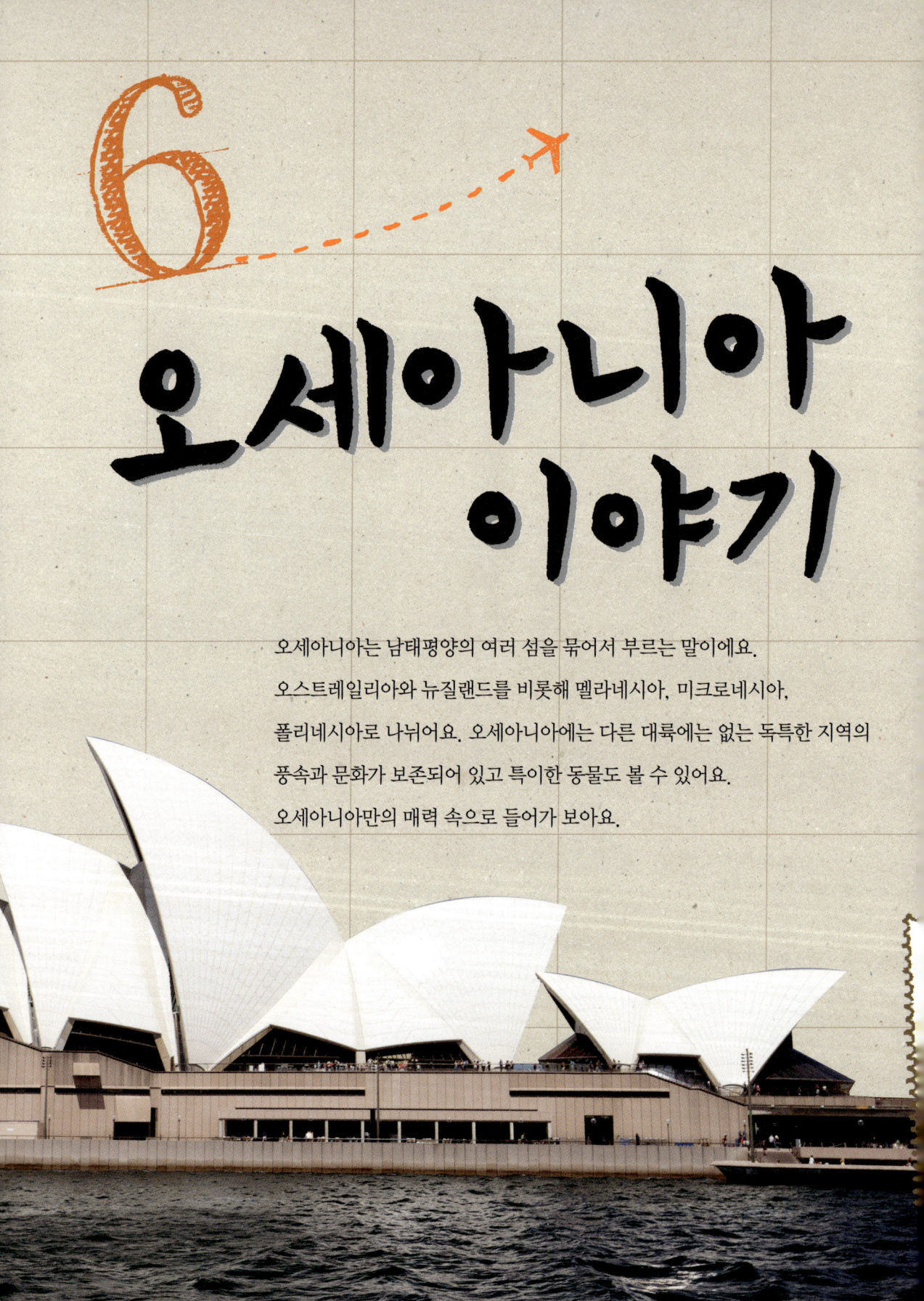

6 오세아니아 이야기

오세아니아는 남태평양의 여러 섬을 묶어서 부르는 말이에요.
오스트레일리아와 뉴질랜드를 비롯해 멜라네시아, 미크로네시아,
폴리네시아로 나뉘어요. 오세아니아에는 다른 대륙에는 없는 독특한 지역의
풍속과 문화가 보존되어 있고 특이한 동물도 볼 수 있어요.
오세아니아만의 매력 속으로 들어가 보아요.

마셜

미크로네시아

하와이

파푸아 뉴기니

폴리네시아

태평양

멜라네시아

그레이트샌디 사막

오스트레일리아

그레이트빅토리아 사막

머리 강

시드니

뉴질랜드

수많은 섬으로 이루어진 오세아니아

　오세아니아는 '대양'이란 뜻이에요. 그래서 오세아니아를 흔히 대양주라고도 해요. 오세아니아는 남태평양에 있는 1만 개가 넘는 섬을 포함하고 있어요. 하지만 지리학자들은 이보다 더 많을 수 있다고 얘기해요.

　오세아니아는 크게 오스트레일리아와 뉴질랜드, 많은 섬들로 구분할 수 있어요. 많은 섬들은 멜라네시아, 미크로네시아, 폴리네시아로 나뉘며, 괌, 하와이, 타히티 섬을 비롯해 마리아나, 마셜, 뉴기니, 솔로몬 제도가 여기에 속해요.

유럽인의 이주

　약 4~7만 년 전부터 동남아시아 사람들이 오스트레일리아 땅과 멜라네시아에 있는 섬으로 건너와 살았어요. 그뒤 약 4000년이 지나고 더 많은 동남아시아 사람들이 미크로네시아와 폴리네시아로 이동했지요. 평화롭게 살던 원주민들의 삶은 1770년에 제임스 쿡이 오스트레일리아에 도착하면서 바뀌었어요. 이때부터 오스트레일리아와 주변 섬나라는 유럽에 소개되었고, 유럽 사람

오세아니아의 원주민 오세아니아의 섬 사람들은 자신들의 전통문화를 이어가며 살고 있어요.

들이 미지의 땅인 오세아니아에 속속 들어오기 시작했어요. 그러고서 이 지역을 식민지로 만들었지요. 1960년대 이후에 와서야 뉴질랜드를 제외한 작은 섬나라들이 하나둘 독립하기 시작했어요.

오세아니아에 대해서 한마디씩 해 볼까?

오세아니아에서 가장 큰 나라는 오스트레일리아야.

태평양에 있는 섬들은 일 년 내내 따뜻하고 비가 많이 내려요. 하지만 무서운 태풍이 생기는 곳이에요.

태평양에는 섬이 아주 많아요.

유명한 휴양 관광지예요.

무서운 태풍이 시작되는 곳

오세아니아에 있는 섬들은 열대 기후에 속하는 까닭에 일 년 내내 덥고 비가 많이 내려요. 이곳은 무서운 태풍이 생기는 지역이기도 해요. 이 태풍을 오세아니아에서는 '윌리윌리'라고 부르는데, 원주민 말로 '공포'라는 뜻이에요. 윌리윌리는 오스트레일리아 북부 해상에서 여름부터 가을까지 발생해요. 그 밖의 크고 작은 태풍이 태평양 한가운데로 지나갈 때마다 태평양에 있는 섬들은 섬 전체가 물에 잠기고 사람들이 목숨을 잃는 일이 가끔씩 일어난답니다.

자연을 이용하며 살아가는 오세아니아

오세아니아에서 가장 큰 나라는 오스트레일리아이고, 오스트레일리아 옆에 뉴질랜드, 위쪽으로 파푸아 뉴기니가 있어요. 그 밖에 피지, 솔로몬, 바누아투, 통가, 투발루 등의 나라들이 있어요.

오스트레일리아와 뉴질랜드는 오세아니아에서 가장 잘사는 나라들이에요. 풍부한 자원과 깨끗한 자연환경 덕분에 주민들이 넉넉하게 생활하지요. 두 나라를 제외한 대부분의 섬 사람들은 코코넛과 야자나무를 재배하고, 야자열매에서 기름을 뽑고, 배를 타고 나가 바다에서 낚시를 하며 생활해요.

최근에는 섬들이 관광지로 개발되면서 생활 모습이 많이 달라지고 있어요. 하와이, 괌, 피지 등에는 국제공항이 들어섰고 바닷가에는 수많은 호텔이 생겼답니다. 원주민들은 관광객을 상대로 전통 춤을 선보이거나 수공예품 만드는 일을 주로 해요. 관광업은 이들 섬나라에서 가장 중요한 산업이에요.

하와이와 괌은 오세아니아에 있지만 미국 땅이에요. 이곳은 제2차 세계 대전 중에 미국의 군사 기지로 이용되었는데, 지금은 최고의 관광지로 자리를 잡았어요. 하와이는 사탕수수와 파인애플이 많이 생산되는 곳이기도 해요. 피지는 영국의 식민지였다가 1970년에 독립했어요. 500개가 넘는 피지의 섬 가운데 사람이 사는 섬은 100개 정도예요. 피지에서 가장 중요한 산업은 설탕 산업과 관광업이에요.

마셜 제도에는 비키니 섬이 있어요. 지금 비키니 섬에는 사람들이 살지 않아요. 1946년부터 1958년까지 미국이 이곳에서 핵폭발 실험을 해서 땅과 바다가 사람에게 치명적인 방사능에 오염되어 있기 때문이에요.

훌라 춤을 추는 하와이 사람 하와이의 전통 춤인 훌라는 이곳을 찾은 관광객들에게 인기가 좋아요.

●캔버라

하나의 대륙으로 이루어진 오스트레일리아

오스트레일리아는 하나의 대륙으로 이루어진 나라예요. 학자에 따라 오스트레일리아를 섬으로 보기도 해요. 오스트레일리아는 넓이로 보면 알래스카를 제외한 미국 본토와 비슷하고, 러시아를 뺀 유럽 대륙보다 훨씬 넓어요. 그런데 인구는 약 2500만 명밖에 되지 않는답니다. 우리나라 인구의 절반도 되지 않는 셈이지요.

오스트레일리아는 영국의 식민지였다가 1901년 독립했지만, 아직도 영국 연방에 속해 있어요. 국가 원수는 영국의 여왕이고 실질적인 정치는 오스트레일리아의 총리가 해요.

우리나라와는 계절이 반대

오스트레일리아의 넓은 내륙 지방 대부분은 건조해 사막이 넓게 펼쳐져있어요. 그레이트샌디 사막과 그레이트빅토리아 사막이 내륙을 차지하며, 이곳의 강은 비가 올 때만 잠시 흘러요. 이 때문에 사람들은 거의 바닷가 지역에서 살아요. 대체로 따뜻한 기후이지만, 남극에 가까운 태즈메이니아 일부에서는 눈이 내리기도 해요. 오스트레일리아는 지구를 둘로 나누었을 때 남쪽 부분인 남반구에 있어요. 북반구에 있는 우리나라와는 계절이 반대이지요. 그래서 오스트레일리아 사람들은 햇볕이 쨍쨍 내리쬐는 한여름에 성탄절을 맞이한답니다.

영국의 죄수들이 이주한 곳

오스트레일리아의 원주민들인 애버리지니는 4~7만 년 전에 동남아시아에서 옮겨 왔어요. 하지만 오늘날 오스트레일리아 국민 대부분은 영국계 백인이에요. 영국인들은 1788년부터 오스트레일리아로 와서 살기 시작했어요. 그런데 그때 이주해 온 영국인 대부분이 죄수였어요. 사냥을 하고 열매를 따서 먹고 살아가던 애버리지니들은 총과 칼로 무장한 영국인이 몰려오자 당해 낼 수 없었지요. 영국인들은 애버리지니들을 죽이거나 살던 땅에서 쫓아냈어요. 30만 명이 넘었던 애버리지니는 100여 년이 지나면서 7만 명 정도로 줄었답니다.

영국인이 원주민을 쫓아내려고 했단다.

원주민은 백인에게 저항하다가 많은 수가 목숨을 잃었어. 2007년에 오스트레일리아 정부는 원주민에게 함부로 대했던 잘못을 인정하고 사과했단다.

애버리지니 오늘날에는 도시에 사는 애버리지니가 많아요. 하지만 지금도 전통적인 생활을 하며 도시와 멀리 떨어져 사는 애버리지니도 있어요.

오스트레일리아를 빛내 주는 도시

오스트레일리아의 수도는 캔버라예요. 예전에는 수도가 멜버른이었지만 1908년 캔버라가 수도로 선정되었어요. 캔버라는 전 세계에서 공모한 도시 계획을 바탕으로 탄생했어요. 옛 수도인 멜버른은 꼭 유럽의 도시처럼 아기자기한 느낌을 줘요. 도시 한가운데에는 전차가 다녀 고풍스럽게 보인답니다. 1851년 멜버른에서 금광이 발견되면서 사람들이 몰려들기 시작했고, 이때부터 빠르게 성장하게 되었어요.

오스트레일리아에서 가장 크고 유명한 도시는 시드니예요. 시드니에 가면 극장과 음악 공연장을 갖춘 오페라 하우스를 꼭 봐야 해요. 오페라 하우스는 독특한 모양과 바다 경치가 잘 어울려 시드니는 물론 오스트레일리아의 상징물이 되었어요.

시드니의 오페라 하우스
세계의 아름다운 3대 항구 중의 하나인 시드니 항에 있어요. 조개껍데기 모양의 건축물로 유명해요.

활발한 목축업

오스트레일리아는 목축업이 발달해 세계에서 양을 가장 많이 키우는 나라예요. 전 세계 양털의 30%를 생산하고, 전 세계 양고기의 70% 이상을 생산해 이슬람교를 믿는 중동이나 북아프리카로 수출해요. 소와 말도 많이 길러서 우리나라도 오스트레일리아에서 해마다 많은 양의 쇠고기를 수입한답니다. 오스트레일리아는 자원도 아주 많은 나라예요. 땅속에는 금, 은, 철, 보크사이트, 석탄 등이 잔뜩 묻혀 있지요.

오스트레일리아의 볼거리

오스트레일리아의 사막 한가운데에는 '에어스록'이라는 커다란 바위산이 있어요. 이곳은 원주민인 애버리지니가 신성하게 여기는 산이에요. 해 질 녘 붉게 물든 이 산의 모습을 보면 정말 멋있다고 해요. 오스트레일리아는 아름다운 바닷가가 많고, 파도가 적당해 파도타기를 즐기는 사

에어스록 오스트레일리아 원주민인 애버리지니는 에어스록을 울룰루라고 불러요.

람들에게는 천국과 같지요. 또한 북동부 해안을 따라 2,012km 길이로 형성된 산호초°인 대보초는 오스트레일리아의 자랑거리 중 하나랍니다. 상어의 위협만 빼면 오스트레일리아의 바닷속은 무척 아름다워요.

오스트레일리아 하면 떠오르는 동물이 있지요? 바로 캥거루예요. 광활한 초원을 누비는 캥거루의 수는 무려 4천만 마리래요. 캥거루 외에도 오스트레일리아에는 다른 대륙에서는 볼 수 없는 독특한 동물이 많아요.

산호초

바닷속에서 사는 작은 동물인 산호가 죽거나 분비물인 탄산칼슘이 쌓여서 만들어진 암초예요.

오스트레일리아에만 사는 특이한 동물들

오스트레일리아에는 다른 대륙에서 볼 수 없는 특이한 동물들이 많아요. 아주 오래전에 아시아 대륙에서 떨어져 나와 1억 년 가까이 다른 대륙과 멀어져 있었거든요. 오스트레일리아의 동물들은 오랫동안 다른 대륙과 오고가지 못하고 독자적으로 진화해 독특한 거예요.

오스트레일리아에는 유난히 유대류 동물이 많아요. 유대류란 캥거루와 코알라같이 성숙하지 않은 상태로 새끼를 낳아 성장할 때까지 어미의 배에 있는 주머니에 넣어서 기르는 동물들을 말해요.

캥거루는 유대류 중에서 가장 몸집이 크지요. 오스트레일리아에 도착한 유럽 사람이 캥거루를 보고 원주민에게 무슨 동물이냐고 묻자 '캥거루'라고 했대요. 원주민 말로 '몰라'라는 뜻이에요. 원주민도 무슨 동물인지 몰랐던 거예요.

캥거루

코알라는 오스트레일리아에서 흔한 나무인 유칼립투스의 잎을 주로 먹고 살아요. 코알라는 백인들이 느림보라고 불렀을 정도로 매우 느리게 움직이는 동물이에요.

주머니 날다람쥐도 유대류 동물이에요. 나무와 나무 사이

코알라

주머니 날다람쥐

오리 주둥이에 비버처럼 헤엄도 잘 치네.

오리너구리

이거는 고슴도치 아니야?

바늘두더지

를 날아다니지만 사실 날개가 있는 것은 아니에요. 다리를 뻗치면 앞다리에서 뒷다리까지 이어져 있는 피부가 펼쳐져 마치 날개처럼 보이는 것이지요.

오리너구리는 꼭 여러 동물을 합쳐 놓은 것처럼 생겼어요. 주둥이가 넓적하고 발에 물갈퀴가 있는 것은 오리를 닮았고, 꼬리는 비버처럼 생겼어요. 또 거북처럼 알을 낳지만, 새끼는 젖을 먹여 키운답니다.

오리너구리처럼 알을 낳는 포유류로는 바늘두더지가 있어요. 바늘두더지는 고슴도치처럼 온몸에 뾰족한 가시가 돋아 있어요. 바늘두더지는 오스트레일리아 외에 뉴기니 섬에도 살아요.

에뮤는 오스트레일리아 사막 근처의 초원에 사는 새예요. 타조보다 조금 작은 에뮤는 한 시간에 50㎞ 정도를 달릴 수 있답니다. 에뮤는 날개가 퇴화되어 날지는 못해요.

에뮤

키위와 럭비의 나라, 뉴질랜드

뉴질랜드는 오스트레일리아의 남동쪽에 있는 섬나라예요. 오스트레일리아처럼 영국의 지배를 받다가 1907년에 독립했고, 영국 연방에 속해 있어요. 국가 원수는 영국 국왕이고, 실질적인 정치는 뉴질랜드의 총리가 하고 있지요.

뉴질랜드는 남섬과 북섬, 그리고 수많은 작은 섬으로 이루어졌어요. 북섬은 환태평양 조산대에 속해 화산과 온천이 많은데, 화산 중에는 루아페후 산이 가장 유명해요. 북섬에는 수도인 웰링턴과 뉴질랜드 최대의 도시 오클랜드가 있어요.

남섬은 초원 지대예요. 그래서 양을 기르기에 안성맞춤이지요. 뉴질랜드에는 약 5천만 마리의 양이 있다고 해요. 덕분에 세계적인 양과 양모의 수출국이 되었어요. 남섬 최대의 도시는 크라이스트처치인데 아름다운 공원이 많아요. 자원이 거의 없는 뉴질랜드는 양과 아름다운 경치가 국민 소득을 올려 주어요.

뉴질랜드에서 유명한 것은 키위와 럭비예요. 키위는 뉴질랜드에서 가장 많이 나는 과일이에요. 이름이 똑같은 새도 있지요. 뉴질랜드에만 사는 키위 새는 낮에 자고 밤에 활동하는데, 몸이 무겁고 날개가 퇴화되어 날지 못한답니다. 럭비는 뉴질랜드 사람들이 매우 좋아하는 운동 경기예요. 뉴질랜드의 럭비 국가 대표팀은 검은색 운동복을 즐겨 입고, 경기를 하기 전에 마오리 족의 전통 춤을 춘답니다. 마오리 족은 영국이 지배하기 전부터 뉴질랜드에 살던 원주민이에요. 영국에서 온 사람들과 마오리 족은 서로 평화를 지키기로 협약을 맺었어요. 오래전에 한 약속 덕분에 뉴질랜드에서는 원주민들이 마구 쫓겨나거나 죽는 일이 거의 일어나지 않았답니다.

과일 이름이 새 이름과 같으니깐 이상해요.

수컷은 '키위키위' 하고 울어요.

오호~

과일 모양이 키위 새와 비슷해서 붙은 이름이야.

뉴질랜드의 양목장 뉴질랜드는 오스트레일리아와 함께 세계적인 양모 생산국이에요.

오세아니아에서는 내가 최고!

오세아니아에는 많은 나라와 도시가 있어요. 태평양 바다에 흩어진 섬나라와 오스트레일리아, 뉴질랜드에는 무엇이 최고인지 알아보아요.

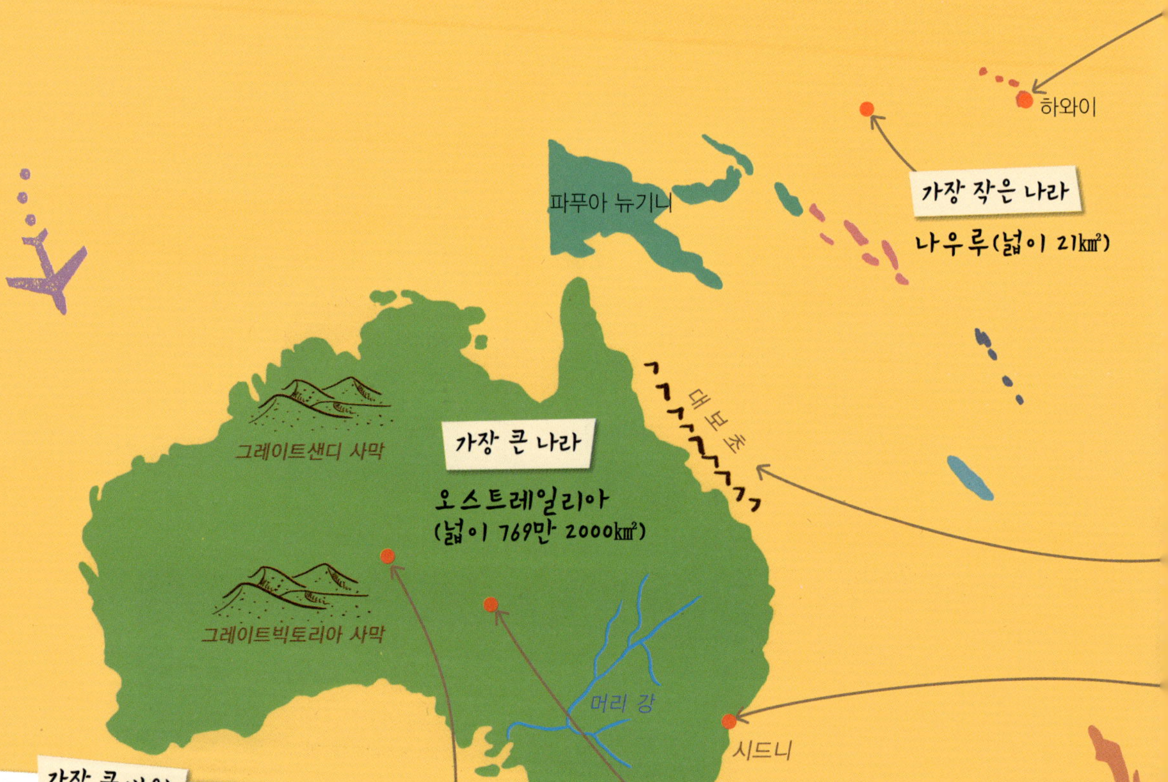

하와이

가장 작은 나라
나우루(넓이 21㎢)

파푸아 뉴기니

그레이트샌디 사막

대보초

가장 큰 나라
오스트레일리아
(넓이 769만 2000㎢)

그레이트빅토리아 사막

머리 강

시드니

뉴질랜드

가장 큰 바위

에어스록(높이 330m, 둘레 8.8km)

가장 높은 산

마우나케아 산(높이 4,205m)

가장 큰 산호초

대보초(길이 약 2,012km)

세계 최고!

가장 큰 도시

시드니(넓이 1만 2144㎢)

가장 큰 호수

에어 호(넓이 9,300㎢)

오세아니아 문화 들여다보기

오세아니아는 때묻지 않은 원주민 문화와 유럽의 문화가 함께 해요. 깨끗한 원시 자연을 감상해 보고 이곳의 독특한 원주민 문화를 자세히 들여다보아요.

유네스코 세계 문화유산

오스트레일리아의 카카두 국립 공원
원시적인 절벽과 폭포가 그대로 남아 있어요. 원주민의 조상들이 수만 년 전에 그린 동굴 벽화도 볼 수 있어요.

뉴질랜드의 통가리로 국립 공원
화산이 폭발한 뒤에 생긴 호수와 지형이 독특해요.

자연 그대로의 음식 문화 ✈

스테이크
오스트레일리아와 뉴질랜드는 소와 양을 많이 길러요. 그래서 소고기나 양고기로 만든 음식을 즐겨 먹는답니다.

열대 과일
태평양에 있는 섬의 원주민은 코코넛, 파인애플, 바나나, 망고 등 열대 과일을 주식으로 즐겨요. 또 사방이 바다여서 식사 때마다 물고기를 바로 잡아 와서 구워 먹곤 해요.

예술과 문화 ✈

하카 춤
뉴질랜드의 마오리 족은 전쟁에 나가기 전에 눈을 부릅뜨고 발을 구르고 혀를 내밀며 춤을 추어요.

독특한 가면
마오리 족과 파푸아 뉴기니 원주민은 마을 행사 때 나무를 파서 만든 가면을 쓰고 춤을 추어요.

소박한 공예품
태평양에 있는 섬의 원주민은 자연에서 얻은 재료를 이용해 집과 생활에 필요한 물건을 만들어요. 나뭇잎이나 식물의 줄기를 얼기설기 짜서 바구니와 가방을 만들고, 바나나 잎을 지붕에 얹어 소박한 집을 마련해요. 원주민의 물건과 집은 화려하지는 않지만 소박하고 편안한 아름다움이 있어요.

7

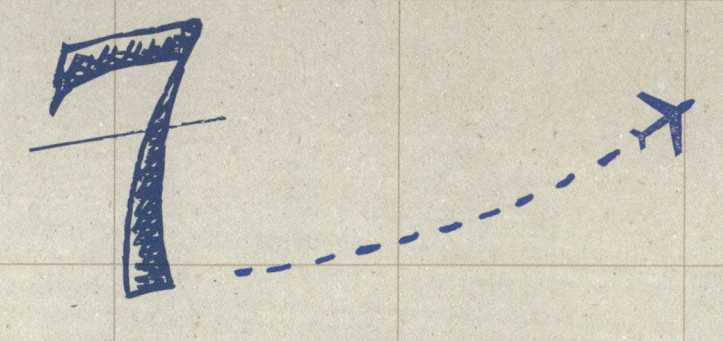

극지방 이야기

극지방은 지구의 남쪽과 북쪽 끝에 있어서 언제나 추워요.
남극 지방과 북극 지방에는 혹독한 추위 속에서도
적응하며 살아가는 사람과 동물이 있어요.
극지방의 중요성과 극지방을 탐험한 사람들에 대해서
알아보아요.

남 극 해

세종 과학 기지

빈슨 산

남 극 대 륙

ARAON

보스토크 호
장보고 과학 기지

알래스카
(미국)

캐나다

북극 지방

북극해

러시아

북극점

북극 지방

그린란드
(덴마크령)

다산 과학 기지

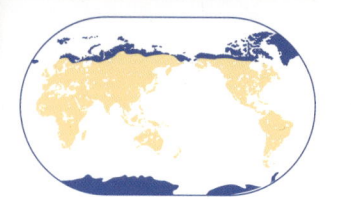

언제나 추운
남극과 북극 지방

극지방은 지구의 남쪽 끝과 북쪽 끝에 있는 매우 추운 지역이에요. 얼음으로 뒤덮인 두 곳은 비슷해 보이지만 남극은 얼음으로 뒤덮인 땅이고, 북극은 육지로 둘러싸인 얼음 바다라는 점이 큰 차이예요.

남극 대륙과 북극 지방을 덮고 있는 거대한 얼음덩어리인 빙하는 쪼개지면 빙산이 돼요. 오늘날 남극과 북극 지방의 빙하와 빙산은 지구 온난화로 빠르게 녹고 있어요. 남극에서는 동지 전후, 북극에서는 하지에 해가 지지 않는 백야 현상이 시작돼요. 긴 곳은 무려 6개월 동안 해가 지지 않는답니다.

남극 대륙은 80% 이상이 두께가 2,000m나 되는 빙하 지역인데다가, 바다에는 빙산이 솟아 있어 다가가기도 힘들어요. 또한 바람이 많이 불고 기온이 너무 낮아서 사람들이 도저히 살 수 없어요. 남극의 보스토크 기지에서는 세계에서 가장 낮은 온도인 영하 89.4℃가 기록되었어요. 겨울철 남극의 평균 온도는 영하 80℃ 정도예요.

북극 지방은 얼음 바다인 북극

북극 하늘의 불꽃 쇼, 오로라 태양에서 날아오는 전기를 띤 빛의 덩어리가 공기와 부딪히며 생겨요. 오로라가 생기면 하늘이 푸른빛, 붉은빛을 띠어 아주 아름다워요.

해, 북아메리카와 북유럽 일부, 러시아 북부, 그린란드를 포함하고 있어요. 북극 지방에서 관측된 가장 낮은 기온은 영하 70℃예요. 하지만 북극 지방이 언제나 추운 것은 아니에요. 봄이 짧게 오지요. 봄이 오면 북극해 주변의 툰드라 지대에는 철새들이 날아오고 꽃과 풀도 잠시 자라요. 북극 지방에는 오랜 옛날부터 랩 족, 이누이트 등의 원주민이 혹독한 겨울을 이겨 내며 살아왔어요.

남극과 북극은 어떻게 달라요?

남극
- 얼음이 녹으면 계곡과 산이 나와요.
- 남극은 어느 나라도 소유하고 있지 않아요.
- 남극 얼음층의 두께는 4,800㎝로 말레이시아 페트로나스 빌딩(높이 452m)의 10배가 넘어요.
- 대표적인 동물

펭귄

북극
- 얼음이 녹으면 바다가 돼요.
- 북극과 맞닿아 있는 러시아, 아이슬란드, 핀란드, 노르웨이, 스웨덴, 캐나다, 미국, 덴마크의 영토로 나뉘어요.
- 대표적인 동물

북극곰

둘 다 백야 현상이 나타나요.

남극 대륙에는
과학자만 산대요

수백 년 전만 해도 남극을 자기 땅이라고 주장하는 나라는 없었어요. 하지만 100여 년 전부터 하나둘 남극을 노리는 나라들이 생겼어요. 당장은 사람이 살기 힘들지만 구리, 크롬, 망간 등 자원이 묻혀 있을까 싶어 남극 땅을 탐내는 것이지요.

남극의 소유권

오스트레일리아, 뉴질랜드, 아르헨티나, 칠레 같은 나라들은 자기 나라가 남극과 가깝기 때문에 남극이 자기네 땅이라고 했어요. 노르웨이는 아문센이 최초로 남극점을 밟았기 때문에 자기 땅이라고 주장했지요. 다들 자기 입장만 생각하니 좀처럼 해결될 길이 보이지 않았어요.

결국 1959년에 아르헨티나, 오스트레일리아, 벨기에, 영국, 칠레, 프랑스, 일본, 뉴질랜드, 노르웨이, 남아프리카 공화국, 미국, 구소련, 이렇게 열두 나라가 모여 남극의 소유권 문제를 논의했어요. 그 내용을 담은 것이 바로 남극 조약이랍니다. 남극 조약은 어느 한 나라에 소유권을 주지 않고, 남극을 평화적이고 과학적인 목적으로만 이용할 수 있도록 하는 데 중점을 두었어요. 또 남극에서는 핵 실험과 방사능 폐기물 처분, 군사 훈련을 하지 못하도록 했어요. 대신 과학자들이 자유롭게 탐사하고 과학 기지를 세울 수 있도록 서로 돕기로 했지요.

과학자들은 왜 추운 남극에 가서 고생해요?

남극은 과학자들에게 아주 중요한 곳이야.

1. 수십만 년 전의 얼음 분석
→ 지구 생성의 수수께끼 해결
2. 남극에 떨어진 운석
→ 태양계 생성에 대한 의문점 해결
3. 남극의 얼음 연구
→ 지구 온난화의 위험 대비

떨

나중에 우리도 이 과학자들처럼 남극에 가자.

박사님, 전 빼 주세요. 제가 추위를 좀 타거든요. 몸도 약하고요.

헉

남극의 우리나라 과학자들 암석 표본을 채취하고 있어요.

남극의 여름
대륙을 덮고 있던
얼음이 녹아
바다에 떠다녀요.

남극의 가치

남극은 과학자들에게 매우 중요한 곳이에요. 남극 대륙은 날씨가 너무 추워 얼음이 녹지 않은 까닭에 수십만 년 전에 언 얼음도 그대로 있어요. 그 얼음을 분석하면 '지구가 어떻게 생겨났을까?'와 같은 오랫동안 풀리지 않는 문제도 해결할 수 있을 거예요.

남극에서는 운석이 많이 발견되기 때문에 외계 생물의 흔적도 찾을 수 있어요. 운석은 지구 밖에서 지구의 대기권을 통과해 땅에 떨어지는 광물을 말해요. 남극이 워낙 춥기 때문에 운석의 성질이 처음 떨어졌을 때와 비교해 별로 변하지 않아서 연구하기에 좋아요. 남극의 운석을 잘 분석하면 태양계 생성에 대한 의문점과 신비도 풀 수 있을 거랍니다.

남극의 연구 가치

지구 온난화 문제를 연구하는 곳도 남극이에요. 남극의 얼음이 녹으면 바닷물의 표면이 높아져요. 그렇게 되면 네덜란드처럼 바다보다 땅이 낮은 나라들은 물에 잠겨요. 태평양의 섬들은 하루아침에 자취를 감추고, 전 세계적으로 2억 명 이상이 집을 잃게 된답니다. 식량 생산도 줄어든다고 하니 지구 온난화 문제 연구는 우리들에게 무척이나 중요하지요.

최근에는 남극 대륙의 오존층을 둘러싼 연구도 많이 이루어져요. 1982년에 남극 하늘에 있는 오존층에 커다란 구멍이 생겼다는 사실이 알려졌어요. 오존은 독성이 있는 가스이지만 태양에서 나오는 자외선을 막아 주기 때문에 대기권에는 꼭 필요한 기체예요. 오존층이 사라지면 생물이 살기 힘들어지고 사람은 강한 자외선 때문에 피부암에 걸리기가 쉬워요. 오존층이 파괴되는 것은 프레온 가스◉ 때문인데, 그 사실을 밝혀낸 것은 남극에 과학 기지가 있어서지요. 남극의 과학 기지는 지구의 미래를 위해 정말 중요하답니다.

프레온 가스

염화플루오르화탄소의 기체 상태로, 프레온은 이 기체가 상품으로 쓰인 이름이에요. 냉장고의 냉매, 스프레이 따위에 쓰여요.

우리나라는 1988년에 남극 지방의 킹 조지 섬에 세종 과학 기지를, 2014년에는 남극 제2기지인 장보고 과학 기지를 세웠어요. 남극에 과학 기지를 세우는 가장 큰 목적은 남극의 자원 개발에 참여하기 위해서예요. 우리나라는 1986년에 남극 조약에 서명함으로써 과학 기지를 세울 수 있게 되었어요. 과학 기지의 과학자들은 바다 밑 지형을 탐사하거나 암석에서 표본을 채취하는 등 많은 일을 해요.

남극의 세종 과학 기지 우리나라 과학자들이 남극의 자원과 기후를 조사하고 연구하는 기지예요.

얼음 바다, 북극

　북극해는 마치 땅으로 착각할 정도로 두꺼운 얼음덩어리가 넓게 펼쳐져 있어요. 그 주변의 북극 지방은 눈보라가 늘 몰아치고, 일 년 내내 차가운 얼음덩어리로 뒤덮여 있어서 유럽 사람들은 사람이 살지 않는 곳이라 생각했어요. 하지만 그린란드를 제외한 북극 지방의 90%는 7월과 8월에 눈과 얼음이 녹으면서 꽃과 풀이 잠시 자라요. 이때 북극해를 덮었던 두꺼운 얼음도 녹아서 크고 작은 빙산들이 바다를 떠다니지요. 빙산은 거대한 빙하 덩어리의 끝 부분이 무너지면서 바다로 떨어진 얼음덩어리예요.

　북극 지방의 시베리아, 알래스카, 그린란드, 캐나다, 핀란드 등에서는 오래전부터 사람들이 살았어요. 특히 알래스카에 사는 원주민은 에스키모라고도 부르는 이누이트예요. 에스키모라는 말은 '날고기를 먹는 사람들'이라는 뜻이에요. 원주민을 얕잡아 보는 뜻이 담긴 만큼 에스키모보다는 이누이트라고 부르는 것이 좋답니다. 이누이트는 원주민 말로 '사람'이라는 뜻이에요. 핀란드의 원주민인 랩 족도 세계에서 가장 북쪽에 사는 사람들이에요. 이들은 오랜 옛날부터 주로 사냥을 하면서 살아왔어요. 이들은 지금은 북극 지방이 개발되면서 더 이상 사냥을 하지 않아도 살 수 있게 되었어요. 냉장고를 사용하고, 자동차도 타고 다니죠. 그래서 과거와 같은 전통 생활 모습은 점점 사라지고 있답니다.

북극은 오늘날 전 세계의 관심을 받고 있어요. 지구 온난화로 북극의 얼음이 녹으면서 전 세계의 해수면은 조금씩 올라가고 있거든요. 북극은 또한 유럽과 태평양을 잇는 가장 짧은 항로예요. 지하자원도 많이 묻혀 있는데, 특히 석탄을 비롯해 철과 납, 석유, 우라늄, 금과 구리 등이 풍부하답니다.

우리나라는 2002년에 노르웨이의 스발바르에 다산 과학 기지를 세웠어요. 북극 지방은 주인이 있는 땅이어서 그 나라의 협조를 구해서 연구 활동을 해야 하지요. 다산 과학 기지에서 우리나라 과학자들은 북극의 환경과 해양 자원을 연구해요.

빙산이 어마어마하게 크구나.

빙산은 조심해야 돼. 타이태닉호도 빙산에 부딪혀 침몰됐잖아.

북극해의 빙산 빙산은 바다 위로 보이는 부분보다 바다 밑에 가라앉아 보이지 않는 부분이 훨씬 커요.

추위 속에서 살아가는
극지방 동물

황제펭귄 암컷과 수컷이 새끼를 정성껏 키워요. 남극 바다에서 생선과 오징어를 잡아먹어요.

　동물들은 추운 극지방에서도 살아요. 남극 지방의 대표적인 동물은 펭귄이고, 북극 지방의 대표적인 동물은 북극곰이에요. 펭귄은 날지 못하고 육지에서는 뒤뚱거리며 걷지만 바닷속에서는 매우 빠르고 자유롭게 움직여요. 황제펭귄은 암컷이 낳은 알을 수컷이 발 위에 놓고 부화될 때까지 품어 준답니다. 하지만 새끼를 기르는 것은 암컷의 몫이에요. 남극해에 여름이 찾아오면 수많은 고래가 모여들어요. 고래 종류로는 크릴을 주로 먹는 수염고래, 지능이 높은 범고래 등이 있어요.

　북극 지방에는 남극 지방보다 다양한 동물이 살아요. 날씨가 조금 더 따뜻하기 때문일 거예요. 북극곰은 몸길이가 2m가 넘고, 몸무게는 410~720kg에 달하는 커다란 동물이에요. 발바닥은 넓적하고 털이 많아 추위를 잘 견디지요. 게다가 온몸이 순백색 털로 덮여 있어서, 눈에 잘 띄지 않아요. 그런데 지구 온난화로 얼음이 자꾸 녹아 북극곰이 살 곳이 점점 없어지고 있답니다. 북극 지방에는 커다란 엄니 두 개가 있는 바다코끼리도 살아요. 북극 지방에는 순록도 있어요. 순록은 썰매를 끌고, 사람에게 고기와 젖, 가죽 등을 주는 참으로 고마운 동물이에요. 그 밖에 물개와 물범 종류는 남극과 북극 지방 모두에 살아요.

바다코끼리 두 개의 길고 뾰족한 엄니가 특징이에요.
북극 빙하 지대에 살아요.

범고래 고래 가운데 난폭한 종류예요. 펭귄과 물범을
잡아먹어요. 고래는 여름만 되면 플랑크톤이 많은
남극해에 와요.

날이 추우면 서로
꼭 붙어 있는데,
따뜻해지니 애들이 자꾸
무리 밖으로 나가려고
해서 큰일이야.

난 얼음 위에서
물범들을 잡아먹고 살아야
하는데, 얼음이 점점 녹아
없어져서 힘들어.

난 날이 자꾸 더워져
얼음이 줄어들어
놀 곳이 없어지고,
건강에도 문제가
생겼어요.

북극의 동물 북극의 얼음이 녹으면서 살아갈 터전이 점점 사라지고 있어요.

극지방을
탐험한 사람들

사람들은 왜 추위와 위험을 무릅쓰고 극지방을 찾아갔을까요? 처음에는 새로운 대륙을 발견하거나 고래잡이를 위해 남극해와 북극해로 갔어요. 그 외에는 별로 관심이 없었지요.

제임스 쿡

극지방 탐험의 첫 문을 연 사람은 제임스 쿡이에요. 제임스 쿡은 영국의 항해가이자 탐험가로 하와이와 오스트레일리아 동부 해안을 최초로 탐험했어요. 제임스 쿡은 남극권에서 2주일가량 머물렀지만 대륙을 발견하지는 못했어요.

남극 대륙은 1820년에 탐험가들이 남극 해안을 따라 항해하면서 큰 대륙이라는 것이 밝혀졌어요. 남극이 발견되자 사람들은 남극점과 북극점에 온통 관심이 쏠렸어요.

북극점은 1909년에 피어리가 최초로 밟았어요. 미국의 토목 기사였던 피어리는 그린란드가 섬이라는 것을 밝혀냈고, 또 이누이트의 생활과 북극의 자연환경에 대한 많은 정보를 얻었어요. 탐험에 자신을 얻은 피어리는 북극점을 정복하기 위해 계획을 세우고 실천에 옮겼어요. 하지만 오늘날 피어리가 북극점을 세계 최초로 도착했는지에 대해서는 여러 논란이 있어요.

피어리

그럼, 남극점을 최초로 밟은 사람은 누구일까요? 바로 아문센이에요. 노르웨이 사람인 아문센은 1911년 개썰매를 타고 남극점에 도착했어요. 아문센은 그 뒤로도 여러 차례 탐험에 나섰어요. 북극해로 들어가 태평양과 아시아에 이르는 북동 항로를 항해했어요. 비행기를 타고 처음으로 북극점 하늘 위를 날기도 했지요.

아문센

아문센의 뒤를 이어 미국인 스콧도 남극점 탐험에 나섰어요. 하지만 남극점에는 스콧보다 한 달 전에 도착했던 아문센이 남긴 노르웨이의 국기가 펄럭이고 있었어요. 스콧은 아문센의 승리를 인정하고 돌아올 채비를 했어요. 하지만 심한 눈보라가 스콧 탐험대의 발길을 얼어붙게 했어요. 스콧은 안타깝게도 되돌아오는 길에 혹독한 눈보라와 추위로 목숨을 잃고 말았답니다.

여러 나라의 탐험가들이 북극과 남극을 탐험했어요. 남극에 대한 관심이 과열되자 1959년 남극 조약이 체결되었어요. 이로써 남극은 연구의 목적 외에는 소유를 인정할 수 없게 되었답니다.

남극과 북극 들여다보기

남극과 북극은 지구의 남쪽과 북쪽의 끝에 있어요.
언제나 눈과 얼음으로 덮여 있어 아주 추운 곳이지요.
이곳에서 가장 최고 기록을 갖고 있는 것은
무엇인지 알아보고, 추운 극지방에 사는
사람들은 어떻게 생활하는지 들여다보아요.

남극 대륙에서 가장 높은 곳

빈슨 산
높이가 4,897m로 남극 대륙에서
가장 높아요.

극지방에 사는 동물

남극
펭귄을 비롯해 고래와
바다표범 등이
살아요.

북극
북극곰, 바다코끼리, 순록 등이 살아요.

생활과 축제

순록과 개가 끄는 썰매

눈이 많이 쌓이고 빙판이 되면 차가 다닐 수가 없어요. 이때는 순록과 개가 끄는 썰매가 사람과 물건을 빠르게 실어 날라요.

북극의 집, 이글루

입구는 터널 모양으로 만들어 찬 공기가 들어오는 것을 막아 주어요. 바깥의 냉기를 차단하기 때문에 안은 따뜻해요. 사람들이 거주하거나 식품을 저장하는 창고 등으로 쓰여요.

오로라 축제

핀란드에서는 해마다 2월에 오로라 축제를 열어요. 북극 지방에서는 오로라가 하늘에 펼쳐지면, 오딘이라는 신이 나타났다고 생각해요.

날고기를 즐기는 음식 문화

사냥하는 이누이트

이누이트는 작살로 고래와 물범을 사냥해 집 밖에 놓아두고 필요할 때마다 잘라서 먹어요.

생선

낚시로 잡은 대구, 청어를 긴 겨울 동안 찬바람에 말려서 오랫동안 먹어요.

세계의 수도

ㄱ
가나 (아크라)
가봉 (리브르빌)
가이아나 (조지타운)
감비아 (반줄)
과테말라 (과테말라)
그리스 (아테네)
기니 (코나크리)

ㄴ
나미비아 (빈트후크)
나우루 (야렌)
나이지리아 (아부자)
남수단 (주바)
남아프리카 공화국 (프리토리아)
네덜란드 (암스테르담)
네팔 (카트만두)
노르웨이 (오슬로)
뉴질랜드 (웰링턴)
니제르 (니아메)
니카라과 (마나과)

ㄷ
대한민국 (서울)
덴마크 (코펜하겐)
도미니카 공화국 (산토도밍고)
독일 (베를린)
동티모르 (딜리)

ㄹ
라오스 (비엔티안)
라트비아 (리가)
러시아 (모스크바)
레바논 (베이루트)
루마니아 (부쿠레슈티)
룩셈부르크 (룩셈부르크)
리비아 (트리폴리)

ㅁ
마다가스카르 (안타나나리보)
마케도니아 (스코페)
말레이시아 (쿠알라룸푸르)
말리 (바마코)
멕시코 (멕시코시티)
모로코 (라바트)
모리타니 (누악쇼트)
모잠비크 (마푸투)
몬테네그로 (포드고리차)
몰디브 (말레)
몽골 (울란바토르)
미국 (워싱턴)
미얀마 (네피도)

ㅂ
바티칸 (바티칸)
방글라데시 (다카)
베네수엘라 볼리바르 (카라카스)
베트남 (하노이)
벨기에 (브뤼셀)
벨라루스 (민스크)
보스니아-헤르체고비나 (사라예보)
보츠와나 (가보로네)
볼리비아 (라파스)
부탄 (팀푸)
불가리아 (소피아)
브라질 (브라질리아)
브루나이 (반다르스리브가완)

ㅅ
사모아 (아피아)
사우디아라비아 (리야드)
세네갈 (다카르)
세르비아 (베오그라드)
세이셸 (빅토리아)
소말리아 (모가디슈)
수단 (하르툼)
수리남 (파라마리보)
스웨덴 (스톡홀름)
스위스 (베른)
슬로바키아 (브라티슬라바)
슬로베니아 (류블랴나)
시리아 (다마스쿠스)
시에라리온 (프리타운)
싱가포르 (싱가포르)

ㅇ

아랍 에미리트 (아부다비)
아르헨티나 (부에노스아이레스)
아이슬란드 (레이캬비크)
아일랜드 (더블린)
아프가니스탄 (카불)
알바니아 (티라나)
알제리 (알제)
앙골라 (루안다)
에리트레아 (아스마라)
에스파냐 (마드리드)
에콰도르 (키토)
에티오피아 (아디스아바바)
엘살바도르 (산살바도르)
영국 (런던)
예멘 (사나)
오만 (무스카트)
오스트레일리아 (캔버라)
오스트리아 (빈)
온두라스 (테구시갈파)
요르단 (암만)
우간다 (캄팔라)
우루과이 (몬테비데오)
우크라이나 (키예프)
이라크 (바그다드)
이란 (테헤란)
이스라엘 (예루살렘)
이집트 (카이로)
이탈리아 (로마)
인도 (뉴델리)
인도네시아 (자카르타)
일본 (도쿄)

ㅈ

자메이카 (킹스턴)
잠비아 (루사카)
조지아 (트빌리시)
중국 (베이징)
중앙아프리카 공화국 (방기)
짐바브웨 (하라레)

ㅊ

차드 (은자메나)
체코 (프라하)
칠레 (산티아고)

ㅋ

카메룬 (야운데)
카자흐스탄 (아스타나)
캄보디아 (프놈펜)
캐나다 (오타와)
케냐 (나이로비)
코스타리카 (산호세)
콜롬비아 (보고타)
콩고 (브라자빌)
콩고 민주 공화국 (킨샤사)
쿠바 (아바나)
쿠웨이트 (쿠웨이트)
크로아티아 (자그레브)
키르기스스탄 (비슈케크)
키리바시 (타라와)

ㅌ

타이 (방콕)
타이완 (타이베이)
타지키스탄 (두샨베)
탄자니아 (다르에스살람)
튀르키예 (앙카라)
투르크메니스탄 (아시가바트)
튀니지 (튀니스)

ㅍ

파나마 (파나마)
파라과이 (아순시온)
파키스탄 (이슬라마바드)
파푸아 뉴기니 (포트모르즈비)
페루 (리마)
포르투갈 (리스본)
폴란드 (바르샤바)
프랑스 (파리)
피지 (수바)
핀란드 (헬싱키)
필리핀 (마닐라)

ㅎ

헝가리 (부다페스트)

| 찾아보기 |